U0721088

铁人三项——最具挑战性的组合运动

盛文林/著

台海出版社

图书在版编目（CIP）数据

铁人三项：最具挑战性的组合运动／盛文林著. －－北京：台海出版社，2014.7

（全民阅读体育知识读本）

ISBN 978 － 7 － 5168 － 0428 － 5

Ⅰ.①铁… Ⅱ.①盛… Ⅲ.①铁人三项全能运动 － 基本知识 Ⅳ.①G888.1

中国版本图书馆 CIP 数据核字（2014）第 169547 号

铁人三项：最具挑战性的组合运动

著　　者：盛文林

责任编辑：王　艳　　　　　　　　装帧设计：视界创意

版式设计：林　兰　　　　　　　　责任印制：蔡　旭

出版发行：台海出版社

地　　址：北京市朝阳区劲松南路 1 号　　邮政编码：100021

电　　话：010 － 64041652（发行，邮购）

传　　真：010 － 84045799（总编室）

网　　址：www. taimeng. org. cn/thcbs/default. htm

E － mail：thcbs@126. com

经　　销：全国各地新华书店

印　　刷：北京一鑫印务有限公司

本书如有破损、缺页、装订错误，请与本社联系调换

开　　本：655×960　　　　1/16

字　　数：130 千字　　　　　　印　　张：12

版　　次：2014 年 10 月第 1 版　　印　　次：2021 年 6 月第 3 次印刷

书　　号：ISBN 978 － 7 － 5168 － 0428 － 5

定　　价：29. 60 元

前　言

　　铁人三项运动属于新兴综合性运动竞赛项目。比赛由天然水域游泳、公路自行车、公路长跑三项目按顺序组成，运动员需要一鼓作气赛完全程。

　　自 20 世纪 70 年代在美国兴起之后，铁人三项在数年间就风靡了世界各地。到 2013 年国际铁人三项联盟已经拥有 160 多个国家和地区的会员协会，每年在世界各地举行的各级各类铁人三项赛事达数千场之多。

　　1994 年，在国际铁联刚刚成立 6 周年之际，国际奥委会就决定正式将铁人三项纳入奥运项目。在 2000 年的悉尼奥运会上，铁人三项比赛吸引了众多运动员参加，并被公认为当年最具观赏性和商业性的项目之一。

　　20 世纪 70 年代末，铁人三项传入中国。1987 年，由民间组织在海南省三亚市举办了中国最早的铁人三项比赛。2005 年，在第十届全国运动会上，铁人三项首次亮相。2012 年，中国铁人三项运动员张一和白发全分别参加了伦敦奥运会女子和男子个人比赛。

　　铁人三项运动所倡导的"融入自然、挑战自我"的铁人精神，要求参与者具备超人的意志与毅力，同时体现了回归自然、关爱生命与崇尚健康的理念。这些都与当今的社会主流思想十分切合。

　　本书详细地介绍了铁人三项运动的起源、发展、现状、场地设施、竞赛规则、技术战术、礼仪规范等内容，可以使读者对此项赛事有个全面的了解，并推动此项运动在中国进一步发展。这也是我们编写本书的目的，请读者阅读后提出有价值的建议，谢谢。

目　录

PART 1　项目起源

铁人三项运动起源

游泳比赛的起源

在世界体育发展史上，游泳、田径（跑步）和自行车可谓是历史悠久的体育运动项目。在希腊雅典举行的第一届现代奥运会上，这三个运动项目就已经被列为正式的比赛项目。

游泳作为近代的一项体育运动始于英国。1837 年伦敦就举行了游泳比赛，比赛的规程虽然和现代的比赛有许多不同，但它是全球最早的游泳比赛。1893 年，美国业余体育联合会也开始举办锦标赛。

在 1896 年举行的第一届现代奥运会上，有三项自由式游泳被正式列入比赛项目。到 1908 年国际泳联成立，公布了规则和各项比赛纪录，游泳成了全球性的体育项目。到目前为止，游泳比赛项目之多仅次于田径比赛。

跑步比赛的起源

田径项目很多，其中仅跑步就可以细分出多个项目，如短跑、长跑、定向越野、马拉松，而且短跑、长跑、定向越野又都有多种比赛形式，使得跑步这一运动家族十分庞大。以定向越野为例，该运动起源于1886年的瑞典，那里森林湖泊广布的复杂地势使地图和指南针显得尤为重要。久而久之，一套自娱自乐的游戏规则便形成了。这就是定向。定向的意思是，在地图和指南针的帮助下，越过不被人所知的地带。

1895年，在瑞典挪威联合王国的一处军营里，举行了第一次正规的定向比赛，标志着定向运动作为一种体育比赛项目的诞生，距今已经有100多年的历史了。

再如马拉松，其历史就更加悠久了。公元前490年，希腊人和波斯人在希腊的马拉松镇进行了一场激烈的战争，结果希腊人取得了胜利。为了把胜利的消息迅速送到首都雅典，就派了一个名叫菲利普斯的战士，从马拉松镇一直跑到雅典。

当他跑到雅典时已经筋疲力尽，传达完了胜利的消息后便死去了。

第一届奥运会马拉松比赛
冠军路易斯

为了纪念这位战士，在1896年的第一届现代奥运会上，举行了从马拉松镇到雅典的长跑比赛。希腊的路易斯第一个跑完了全程，成绩为2小时58分50秒。此后，马拉松就被列为历届奥运会的比赛项目了。1984年，女子马拉松也进入了奥运会的正式比赛项目。

近十几年来，马拉松热席卷全球，除了规模宏大的奥运会马拉松外，还有一年一度的波士顿、纽约、伦敦、鹿特丹、北京等大规模的马拉松比赛，还相继举行了各种距离、各种形式的群众性马拉松比赛。

自行车比赛的起源

自行车运动是以自行车为器材进行骑行速度及技巧竞赛的体育运动项目。自行车起源于欧洲。1790 年法国的西夫拉克将两个轮子装在木马上，人骑在上面用脚蹬地驱车前行，又称木马轮。

1800 年俄国乌拉尔地区维利赫杜纳城的叶菲姆·米赫拉维奇·阿尔塔蒙诺夫工匠制作出铁脚踏车。他骑该车从乌拉尔的维利赫杜纳到莫斯科，往返达 5335 千米。

1868 年 5 月 31 日法国的圣·克劳德公园举行了 2 千米自行车比赛，这是有记载的最早的自行车比赛。1896 年第一届奥运会上，自行车运动被列为正式比赛项目。

1900 年国际自行车联盟成立。1903 年首次举行环法自行车赛，该赛事每年一次，是世界最著名的自行车赛。1965 年国际自联分为国际业余自行车联合会和国际自行车联盟两个组织。

铁人三项运动起源

游泳、跑步和自行车作为独立的运动项目，历史已经很悠久了，但将这三项运动组合起来，形成新项目的时间还比较短。

关于铁人三项的起源，有很多不同的说法，其中两种较为流行。第一种说法

第一届奥运会上摘得自行车比赛金牌的希腊选手

是：在 20 世纪 70 年代的一个夏日，住在美国南加利福尼亚的圣地亚哥海滨的人们在海里游泳后，虽然已经很累了但仍感到没有尽兴，他们想

玩个痛快。

于是，众人又大胆地开始尝试长距离骑自行车和长跑。途中，他们曾多次感到疲劳，出现筋疲力尽的感觉和放弃冒险之旅的念头，但是都被他们顽强的意志所征服了。

经过长时间的努力拼搏，他们终于战胜了自己，到达了终点。此时的他们虽然已经双腿麻木、气喘吁吁，却又为自己能一次完成三个项目全程的创举感到兴奋和自豪。正是这些疯狂的运动爱好者提出了将游泳、自行车、马拉松三个项目结合在一起，把它取名为"铁人三项运动"。

主流观点认为，铁人三项起源于夏威夷。1974 年的一天，一群体育官员聚集在美国夏威夷群岛的一个酒吧里争论：世界上究竟哪一种体育运动最具有刺激性、挑战性，最能考验人的意志和体能？有的说是橄榄球，有的说是渡海游泳，有的说是足球，还有的说是长距离自行车、登山、马拉松等等。

众人各抒己见，争论不休。最后，美国海军准将约翰·克林斯提出：谁能在一天之内在波涛汹涌的大海中游泳 3.8 千米，再环岛骑自行车 180 千米，最后跑完 42.195 千米的马拉松全程，谁就是真正的铁人。

这实在太刺激了！第二天，有 15 人参加了这场史无前例的比赛，其中还有一名女选手，最后有 14 人赛完了全程。从此，一项融入自然、挑战自我的新型体育运动项目便诞生了。

人们就把这项一次连续组合完成游泳、自行车和长跑，并在运动员体能、速度和技巧上提供挑战的综合性体育运动项目称之为"铁人三项（Triathlon）"。

PART 2

历史发展

世界铁人三项运动的发展

铁人三项运动在夏威夷诞生后，美国的圣地亚哥从 1974 年开始便正式开展了铁人三项比赛。1980 年、1982 年和 1983 年又分别举行三次铁人三项比赛，参赛人数逐渐增多，规模不断扩大。最后，这项新兴的体育运动很快地风靡了北美洲，从而传向了全世界，为越来越多的人所喜爱。

为了更好地发展该运动，国际铁人三项联盟于 1989 年 4 月正式成立，以管理国际上的铁人三项及铁人两项运动，总部设在加拿大。截止到2013 年，全世界已经有 160 多个国家和地区加入了国际铁人三项联盟。

据国际铁联快报上的统计，目前全世界参加铁人三项运动训练和比赛的人数已达到 500 多万人，每年在世界各地举行的大小铁人三项赛事有3000 多次。而通过电视转播收看铁人三项世界杯赛的观众达 2 亿多人。

国际铁人三项联盟每年都组织很多比赛。其中有奥林匹克标准距离的铁人三项世界锦标赛，在世界各地举办的 10 ~ 12 站铁人三项世界杯系列赛，长距离铁人三项世界杯系列赛，标准距离和长距离铁人两项世界杯系列赛与世界锦标赛。此外，还有冬季铁人三项赛、室内铁人三项赛、残疾人铁人三项赛、青少年铁人三项赛等。

参加 2004 年雅典奥运会的铁人们

比赛一般分优秀运动员组、青年运动员组和业余分龄组，比赛的规模逐年增大，参加比赛的人数也越来越多。美国人认为，最具刺激性、挑战性的体育运动是"铁人三项"；日本人认为，最能体现民族精神的也是"铁人三项"……

鉴于铁人三项运动在世界各地发展迅速，奥运会、友好运动会、泛美运动会、英联邦运动会、世界军体大会、亚运会、中国全国运动会都将铁人三项列为正式的比赛项目。

铁人三项是在 1994 年被国际奥委会正式列入奥运会大家庭，2000年悉尼奥运会万众瞩目的第一个比赛项目就是女子铁人三项比赛。

中国铁人三项运动的发展

中国土地辽阔、景色秀美，环境和气候条件都非常适合开展铁人三项运动。在 20 世纪 70 年代末期，这项运动传入我国，随后便得到了迅速的普及与发展。

普通自行车战胜赛车

1985 年深秋的一天，当时美国驻华使馆武官处邀请我国军队进行一次铁人三项比赛。于是，由美国海军陆战队士兵和中国八一军体大队的战士们在北京郊区的密云、怀柔进行了一场史无前例的连续的游泳、自行车、长跑的较量。

在这场关系国家荣誉的体能较量中，我国军人尽管刚刚知道什么叫"铁人三项"，尽管游泳姿势还不标准，而且还骑着拆了挡泥板的普通自行车与"山姆大叔"骑的洋赛车较量，但结果是中国军人获得了胜利。

中国首次举办的铁人三项比赛

1987年1月18日，来自全国19个省、自治区、直辖市的45名"铁人"，站在了我国最南端风景秀美的海滨城市——三亚市的出发台上，参加中国首次举办的"天涯海角"铁人三项比赛。

选手当中既有工人、农民、个体户，还有学生、干部和解放军战士，年龄最大的65岁，最小的21岁，还有两位女选手参加。

发令枪一响，比赛开始了。首先进行的是海上2千米的游泳比赛，大海里顿时热闹起来，选手们都奋勇争先、劈波斩浪地向前游去。1个小时后选手们陆续上岸。

接下来是80千米自行车赛和42.195千米的马拉松比赛。当天烈日当头，比赛是在30度的高温下进行的，这对于第一次参加铁人三项比赛的选手们来说真是一次严峻的考验，但他们克服了种种困难，靠着顽强的意志和百折不挠的拼搏精神坚持完成了比赛全程。

经过激烈的争夺，来自北京的一位体育教师以6小时4分59秒的成绩第一个到达终点，获得男子组冠军；女子组冠军的成绩是9小时22分41秒。值得一提的是，65岁的庄炎林老人，以12小时24分16秒完成了全程，成为"中国第一老铁人"。

正规化和规范化

从1987年开始，一些社会团体就先后在海南岛、北京、上海、宁波等地举行了不同类型的铁人三项比赛。为更进一步促进铁人三项运动的普及和提高，1989年1月13日国家体委决定将其列为我国正式开展的体育竞赛项目，并于同年8月22日下发了《关于开展铁人三项运动的通知》。

《通知》强调：铁人三项运动是由游泳、自行车、长跑连续组合一次完成的一项体育竞技项目，自1973年（当时的理解可能有误，有明确记载的铁人三项运动始于1974年）开展以来，在各个国家和地区发展迅速。由于铁人三项比赛对人的体力和意志锻炼意义很大，已被世界上越来越多的人喜爱，影响很大。

《通知》宣布：为促进铁人三项运动的普及和提高，决定把这项运动列为我国正式开展的体育运动项目，原则上采取国家指导，重点扶持，社会兴办，运用比赛杠杆，动员社会力量，促进和推动铁人三项运动的发展。待时机成熟，每年将举办正式的全国比赛，并在适当的时候举办国际邀请赛。

1990年9月17日，体委又下发了《关于加强铁人三项运动管理的通知》。《通知》进一步强调要严格执行1989年发出的第一个《通知》的精神，加强管理；抓紧铁人三项运动队伍建设并严格奖惩。

两份重要《通知》的下发，标志着中国铁人三项运动的训练、竞赛组织、对外交流，从此纳入正规化和规范化的轨道，进一步促进了铁人三项运动的发展。

同年10月，国家体委在北京举办了第一期铁人三项裁判员学习班。1990年1月16日中国铁人三项运动协会在北京成立，2月由人民体育出版社出版了《铁人三项竞赛规则》和《铁人三项裁判员管理制度》。

中国举办的首次国际比赛

1991年6月30日，北京国际铁人三项锦标赛暨全国铁人三项锦标赛在北京颐和园公园举行。这是中国铁人三项运动协会自成立后第一次组织举办的国际比赛，共有来自 21 个国家和地区的 200 多名中外选手报名参加，比赛采用国际标准距离，即：游泳 1.5 千米、自行车 40 千米、长跑 10 千米，总赛程共 51.5 千米。

经过紧张、激烈的角逐，所有参赛选手都到达了终点——国家奥林匹克体育中心田径场。

比赛的成功举办让世界看到了中国铁人三项运动的发展实力，也为今后能够举办更多的国际、国内铁人三项比赛和活动做好准备，提高了中国铁人三项运动协会的国际影响力。

铁人三项实力在徘徊中前进

20 世纪 90 年代以后，中国的铁人三项运动在相关部门的积极组织和推广之下终于得了迅猛发展，受到了越来越多的人的关注。1996 年，中国铁人三项运动员王丹站在了亚洲铁人三项锦标赛的最高领奖台上，并获得"亚洲第一女铁人"的光荣称号。

但是，由于长期以来我国的专业铁人三项队仅有"八一"一支队伍，队员的选材范围很窄，从而导致了我国队员的运动成绩从 1997 ~ 2001 年间基本上处于徘徊状态。

另外，我国与美国、澳大利亚以及日本等国最强选手相比，还是有很多欠缺之处，最突出的是缺乏比赛经验。我们的队员平时训练非常刻苦，毫不逊于其他国家选手。可是参加比赛，尤其是参加奥运会这样重大比赛，成绩总不理想。

2000 年之后，随着铁人三项运动在国际国内赛场上的地位日益提升，各省市对这个项目的重视程度倍增，专业运动队伍的建设也随之扩大。现在已先后成立了八一、成都军区、江苏、山东、上海、天津、广东、安徽 8 支铁人三项专业运动队伍，为铁人三项运动引进竞争机制，

王虹霓摘得亚运会铁人三项桂冠

有利于各支队伍水平的提高。

天津、河北、深圳、锦州、北京、哈尔滨、山西等地成立了7个地方协会、8个俱乐部，拥有近百名专业选手，近万名业余选手。国内除中国铁人三项运动协会成功举办多次重大国际比赛与全国锦标赛以外，部分省市也相继举办了多次地方性的铁人三项赛、铁人两项赛、越野挑战赛、冬季铁人三项赛等，推动了铁人三项运动在国内的开展。每年参加全国锦标赛的人数迅速递增，已连续三年超过亚洲锦标赛的人数。

2002年徐州比赛参赛者达440人左右，观看群众已达到20万人，参赛队伍由最初的几支发展到2002年的近一百多个专业和业余代表队。

2005年在新加坡举行的亚洲铁人三项锦标赛中，中国选手夺得女子个人和团体的两项冠军。在女子优秀组的争夺中，我国选手王虹霓夺得个人冠军，这是中国选手自1996年以来，重新夺回了阔别9年的亚洲冠军。

中国选手奥运成绩不佳

从2005年第十届全运会开始，铁人三项比赛正式成为全国运动会的比赛项目。目前，中国国内每年举办各类各级国际性和全国性铁人三项赛事十余场，参赛人数每年总计已达2000人次，成为亚洲铁人三项运动发展最快的国家。

不过，中国在铁人三项运动方面的整体实力与美国、新西兰、澳大利亚等国还存在不小的差距。到目前为止，中国选手在奥运会铁人三项项目中还没有拿过奖牌，甚至没有进过前 30 名。

北京奥运会中国获得 2 女 1 男三名运动员参赛资格，表明中国铁人三项

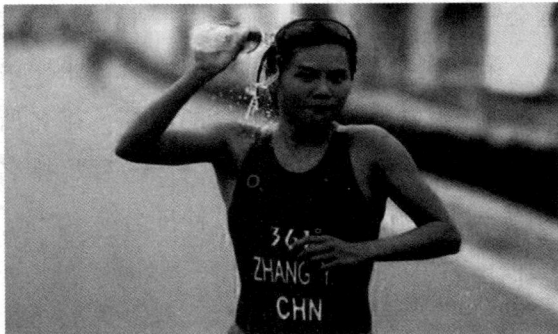

中国女铁人张一在比赛中

运动水平有了很大的提高。在 2008 年 8 月 18 日进行的女子组比赛中，中国队的"女铁人"邢琳和张一在比赛中分获第 40 和第 42 名。

在第二天举行的男子组比赛中，德国队的扬·弗勒德诺以总成绩 1 小时 48 分 53 秒 28 分秒获得冠军。中国队首次参加该项目，王大庆最终排在第 46 位，成绩是 1 小时 55 分 41 秒 87 分秒。

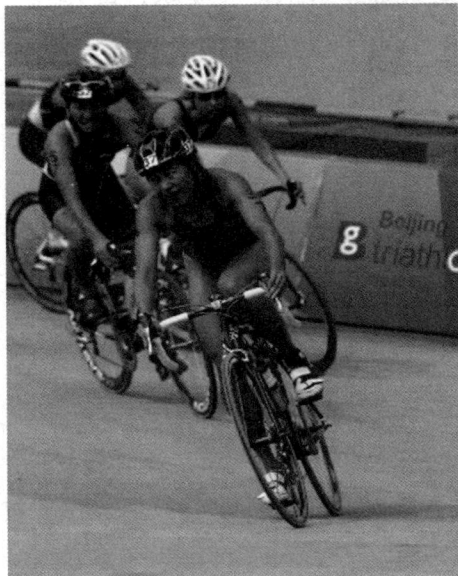

邢琳在自行车比赛中

赛前，王大庆的世界排名是第 168 位，成绩并不显眼。游泳项目完成后，王大庆以 18 分 6 秒的成绩排在第 7 位；40 千米自行车之后王大庆已经落后到第 49 位；最后一项 10 千米跑步，王大庆用了 37 分 17 秒，最终排在第 46 位。

四年之后的伦敦奥运会，中国有男女各一名选手获得比赛资格。结果，比赛成绩和 2008 年的北京奥运会大体相当。参加男子组比赛的白发全是第一次参加奥

运会铁人三项的比赛，最终以 1 小时 52 分 26 秒获得第 46 名。

第二次参加奥运会的中国女选手张一最终获得了第 50 名。张一在游泳比赛中游出 19 分 49 秒的成绩，排名所有选手中第 46 位，随后的自行车比赛她用时 1 小时 10 分 39 秒将排名提升一位至第 45 名，最后的跑步比赛她跑出 38 分 11 秒排名第 46 位，最终以总成绩 2 小时 10 分 01 秒排名第 50 位。

发展前景十分乐观

目前，中国在铁人三项项目上的实力与美国、新西兰等国相比虽然差距不小，但发展前景十分乐观。国际铁联前主席莱斯·麦克唐纳先生

铁人三项在中国已经有了相当广泛的群众基础

曾经这样评价中国的铁人三项运动发展，他说："中国人口众多，是参加游泳、自行车、长跑运动人数最多的国家。中国人向来就有吃苦耐劳、勤劳勇敢、坚韧不拔的意志品质，十分符合铁人三项运动本身所追求的'挑战自然、挑战自我、挑战极限'的铁人精神。中国参加铁人三项运动的人越来越多，观看比赛的观众热情高涨，在不久的将来，中国的铁人三项运动水平一定会赶上国外的高水平国家。"

PART 3 项目现状

铁人三项运动的特点

铁人三项是将游泳、自行车和长跑这三项本身已经具有百年以上历史的运动结合起来，而创造的一项新型的体育运动。因此，铁人三项运动不但具有游泳、自行车和长跑三项运动本身所具有的特点，同时还具有这三项运动项目所不具有的特点。下面先来看游泳、自行车和长跑这三项运动各自的特点。

游泳运动的特点

游泳运动是克服水的阻力，利用水的浮力，在水的特殊环境中进行的一项有锻炼、娱乐价值的水中项目。它不但是一项体育竞技运动项目，同时也是一项人们在日常生活中的运动技能与生活能力。

游泳是一项非常有益，历史悠久，群众性广泛，深受人们喜爱的运动锻炼项目，与其他项目相比，具有更强的健

游泳是孩子们最喜欢的运动之一

身性、健美性和社交性。

游泳又是一项从 1 岁到百岁的人们均适合的运动，被誉为 21 世纪最佳运动。在全民健身运动广泛开展的今天，在青年、少年、儿童中开展和普及游泳运动，更具有重要的现实意义。

自行车运动的特点

自行车是一种很普通又十分便利的交通工具，人们在上下班和郊游时都经常用它。有研究结果表明，骑自行车和跑步、游泳一样，是一种最能改善人的心肺功能的耐力性锻炼。

自行车运动的特点和优势非常明显。首先是简单，骑自行车这种体育运动是不需要像别的体育运动那样刻意准备的。不限时间、不限速度、不限场所，每一处非机动车道都是可以自由发挥的锻炼场所，可以独自去骑，也可以结伴而行；可以驮着钓鱼杆子去，也可捎带画夹板子去溜达；可以顺便去走走朋友，也可以测试一下完成 10 千米赛程的时速。

其次是环保。现在的空气质量是越来越差了，其中很重要的原因就是汽车尾气的大量排放，骑自行车则完全没有尾气，可以为蓝天工程做点贡献。

另外还有娱乐、观赏等特点。自行车运动是一项室外运动，不但可以增加人与人之间的交流，还可以在训练或比赛的时候与大自然来一次亲密接触，放松自己的心灵。

长跑运动的特点

科学研究证明，跑步虽然简单，但却是锻炼身体最好的运动之一。早在 2000 多年前，古希腊的山岩上曾刻下这样的诗句："如果你想强壮，跑步吧！如果你想健美，跑步吧！如果你想聪明，跑步吧！"

跑步不仅是人类最基本、最自然和最简单的运动形式，而且可以强身健体。长跑，比如马拉松，42.195千米的距离具有特殊的吸引力，只有具有足够勇气和决心且积极投身其中的人才能完成这一挑战。下面以马拉松为例，说一说长跑运动的特点。

长跑运动具有许多独特性。公路长跑、马拉松赛等是挑战自我、挑战极限的高强度体育项目，无论你是何种水平的运动员，在征服42.195千米的距离而到达终点的过程中都需要付出极大的决心和巨大的努力。

公路长跑、马拉松是所有竞技体育项目中唯一的业余选手或初学者能与世界冠军或顶级高手、优秀运动员同场比赛的项目，也是一项参赛人数不限，从十几个人到几千人甚至上万人；年龄不限，从几岁儿童到八九十岁的老人；性别不限；职业不限，风雨无阻的路跑比赛。

从马拉松的来历和名称可以看出马拉松体现了一种精神——坚强的意志和献身的精神，倡导身体和心灵的结合，在拼搏、奋斗中完成自我实现的过程。

在第四届现代奥运会的马拉松比赛中，来自意大利的运动员皮耶特里由于消耗

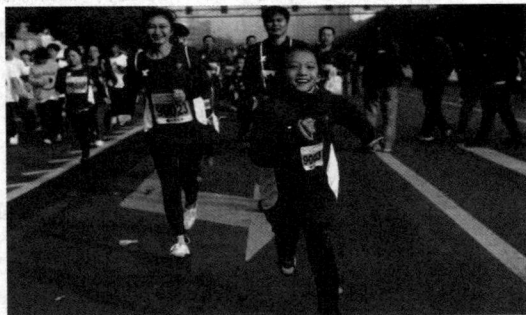

参加马拉松比赛的孩子

了大量体能，当他第一个跑入赛场后，竟然5次摔倒在跑道上，在场的裁判员扶着他走过了终点。虽然他最终被取消了冠军的资格，但却赢得了人们的尊重。事后，英国大主教说："奥运会重要的不是胜利，而是参加。"

后来，顾拜旦丰富了这句话的内涵——"在奥林匹克运动会上，重要的不是取胜而是参加；正如生活中最重要的事情不是胜利，而是斗

争,不是征服,而是奋力拼搏。"

铁人三项的特点

综合性

铁人三项是连续一次完成游泳、自行车、长跑的综合型体育运动项目。

灵活多变性

铁人三项比赛场地可因地制宜、灵活多变、距离可长可短、项目设置可三项可两项,可以有多种形式的设计,便于推广。

广泛参与性

目前能够完成铁人三项奥运标准距离比赛的运动员年龄最小仅 8 岁,最大的达 94 岁。在竞赛分组上设专业优秀组和业余分龄组,使比赛既有优秀专业运动员的竞争,又满足了广大业余爱好者的挑战极限的喜好。

公平竞争性

铁人三项比赛赛程长、难度大、连续性强,便于排除人为因素干扰比赛的进行。

挑战性

铁人三项是一项耐力与毅力相结合的运动项目,运动员通过比赛完成对大自然和自我的挑战,因此具有强烈的刺激与挑战性。毫不夸张地说,铁人三项运动是目前世界上最艰苦的体育竞赛。

对职业铁人三项运动员来说,每天训练 2~3 次是非常普遍的,一些职业铁人三项运动员每周训练时间超过 40 小时。通常训练内容包括长距离有氧练习(例如 100 千米自行车)和速度/间歇训练(例如场地跑步或者设定心率的游泳)。与短距离运动员相比,长距离运动员更偏重于有氧训练,而且在训练和比赛中面临着艰苦的营养挑战。中国铁人三项运动员的每日能量供给推荐值达到 4700 千卡以上。

观赏性

比赛在室外进行，风雨无阻，赛场既可设置在海滨城市、风景名胜城市，也可设在山区乡村，具有较强的观赏性。

运动员开始铁人三项游泳段比赛

商业性

铁人三项运动被已评为当今世界最具魅力和最具商业价值的十大体育运动之一。

铁人三项运动的健身意义

"生命在于运动"是法国思想家伏尔泰的一句名言，它揭示了生命活动的规律，也逐渐成为人们健身的理念。这句话对现代的人们来说虽不陌生，但真正认识它、实践它，使自己的健康得益于运动，并不是所有人都能做到的。

运动项目多种多样，而游泳、自行车、跑步是最基本、最简单的运动方式，正因为它们简单易行又能强身健体，所以目前已成为最受人们喜欢的运动形式。

当人体运动时肌肉的剧烈活动消耗能量，改变了机体的内环境，不仅可引发局部组织的变化，还可使循环、呼吸、神经、代谢及免疫调节功能发生一系列形态和机能上的改变，即运动应激下人体对运动的适应性反应。

运动能促进心脏和血管功能

心脏是循环系统的动力，如同水泵的作用，每次收缩将血液送入血管，经大血管到小血管再至毛细血管，向组织细胞输送人体生活、生存和细胞代谢所需要的氧气及各种营养成分，再将新陈代谢所产生的终末产物如二氧化碳、尿素、氨等，输送到特定的组织和器官如肺脏、肾脏、皮肤等并将它们排出体外。也就是说心血管循环系统是机体的动力和运输系统。

心脏是由特殊的肌肉构成的肌性器官。心脏收缩力量的强弱除了与心肌的特殊肌肉结构、神经支配有关外，在某种程度上还与肌肉本身的纤维长度、粗细、数量有关，与其他骨骼肌一样，心肌也可以通过运动锻炼变得粗壮、有力。

经常参加铁人三项的老人
个个身强体壮

心脏是我们人体中唯一在一生中永不停息跳动的器官，按一分钟跳动 60 ~ 80 次计算，一年跳动约 3153 ~ 4204 万次，按 70 年寿命计算一生要跳动约 22.0 ~ 29.4 亿次，如此多的跳动，心脏不疲劳吗？

原来，心脏是靠每次跳动中的间歇来自我休息的。若心跳较慢时、每次跳动的间歇时间就较长，心脏就能得到较好的休息，休息得好当然再跳动时也就更加有力；若心跳加快，每次跳动的间歇时间就较短，心脏休息时间就少；若跳动过快，心脏就易疲劳，甚至衰竭。

　　研究表明，长跑运动员或经常锻炼的人，为满足机体代谢增加的需要，心脏必须加强收缩力，加快跳动次数，才能泵出更多的血液，携带更多的氧气和营养，以供组织细胞的利用。同时在运动中心脏自身也得到了锻炼，肌肉纤维可以变得粗壮，收缩力增强，每次回心血量增加，泵出的血量也会增加。

　　每当跳动的次数增加，每分钟输出的血量也大量增加，可以达到安静时的数倍。经长期跑步锻炼，心脏从结构、功能、代谢方面都会发生适应性变化，与常人相比，心脏变得大而壮，重量也增加，心肌收缩强而有力，安静时心跳较慢而运动时可迅速增快，即心脏的储备能力、适应能力和代偿能力已明显增强，这样你就能拥有一颗强壮而有力的心脏。

　　运动还可以改善心脏自身和大脑及全身脏器的供血，研究表明适度的活动能促进冠状动脉变大。国外曾对马拉松运动员克莱伦斯·德玛的尸体进行解剖后指出：定期活动的奇妙效果就是使冠状动脉的直径增大。

　　研究人员还发现，心电图的改变和猝死只发生在不运动组的实验动物身上，而运动组的动物心脏增大，冠状动脉直径变粗。以上结果提示，运动可降低冠心病发病的几率。

　　血管是循环系统的管道，管道通畅，血循环才能通畅。影响管道通畅的头号元凶是血管内壁发生粥样斑块硬化，进而使血管变窄，甚至完全堵塞血流，使血流供应的这一部分组织因缺血而坏死。这种情况发生在心脏的血管内就叫冠状动脉粥样硬化，可引起心肌缺血、梗死，严重者还会导致死亡；若粥样斑块脱落阻塞了大脑的某一支血管就会发生脑梗死即中风，轻者出现偏瘫、半身不遂，大面积脑梗死也可快速致死。

　　动脉粥样硬化的发生与吸烟、高血脂和高血压三大危险因素有关。

目前又将缺少体育活动列为与三大危险因素相提并论的危险因素。1954年，著名的对伦敦汽车司机的研究，比较了司机和售票员的冠状动脉粥样硬化性心脏病（简称：冠心病 CAD）的发生率，发现售票员的活动量比司机多，因而冠心病的发生率比司机低 30%。

动脉粥样硬化是一个渐变过程，现已证明可以从青年期甚至儿童期就开始形成。美国曾对朝鲜战争中死亡战士的尸体解剖，发现其中 77% 的人有冠心病，证实了动脉粥样硬化从青年期已有形成。

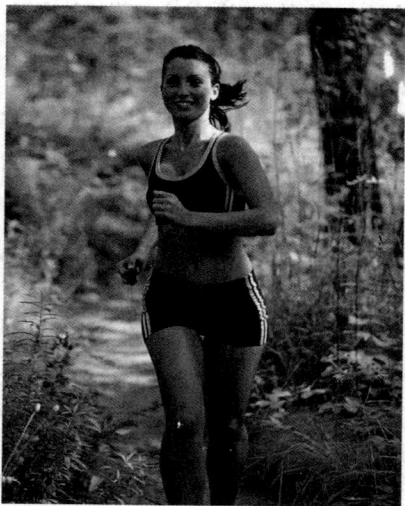

经常参加运动的人动脉粥样
硬化的几率会大大降低

血管内壁粥样斑块的形成与血脂代谢异常有关。血脂是指血浆中的中性脂肪，包括胆固醇、甘油三酯和类脂。胆固醇分为小分子脂蛋白胆固醇（又称为低密度脂蛋白 LDL）和大分子脂蛋白胆固醇（又称为高密度脂蛋白 HDL）。

由于低密度脂蛋白小而致密，容易进入动脉壁内，其含量增加具有导致动脉硬化的作用，是动脉硬化的危险因素。高密度脂蛋白俗称好胆固醇，它的作用是将外周组织包括动脉壁在内的胆固醇转运到肝脏内进行代谢，这也就是高密度脂蛋白可以抗动脉硬化的原因。而体育锻炼，跑步可增加 HDL 而降低 LDL，从而起到预防动脉硬化的作用。另外通过下肢运动，可促进静脉血回流心脏，还可预防静脉血栓形成。

概括一下，游泳、自行车、跑步对心血管的作用为：可以改善心肌供血供氧，心肌变得强壮；增强心脏收缩力和心脏的储备能力，平静时心跳缓慢而在剧烈运动时可迅速增快，提高心排血量；增加血管弹性，扩张冠状动脉，降低血压、血脂、体重；降低血小板粘滞性和纤维蛋白原，有利于预防心血管疾病，特别是冠状动脉硬化性心脏病即冠心病的发生和下肢静脉血栓的形成。

促进呼吸功能的增强

机体的生存、生命的延续最基本的生命活动是新陈代谢，而新陈代谢离不开氧。人体肺脏的基本功能就是吸入氧气和排出二氧化碳，即气体交换。

机体吸气时将空气（其中氧气含量占 21%）吸入肺泡，氧气从肺泡进入血液循环，在心泵动力的推动下，氧气和其他营养物质与血液中的红细胞、血浆蛋白等成分相结合，运输到机体各组织器官，供细胞新陈代谢利用，将代谢的终末产物，如二氧化碳、尿素等，随血液循环运回到肺脏和其他排泄器官（如肾脏）排出体外。

所有基本生命活动，特别当游泳、骑自行车和跑步时，机体耗氧增加，新陈代谢产物增多，心肺两大系统都处于应激状态，为满足机体运动功能的需求，需要心肺两大系统及两大系统之间的血管功能的联合协调来完成。

游泳、骑自行车和跑步时，呼吸系统将发生一系列适应性的变化，以满足运动时高能量的消耗。首先呼吸加深加快，使肺通气量增加（平静呼吸时每次呼吸的吸气量或呼出量即为潮气量）。

由于平时安静时我们的肺泡仅开放五分之一，有很大的潜在能力，如果不锻

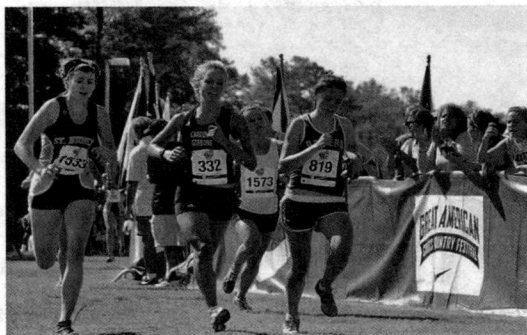

运动可促进呼吸功能的增强

炼、不跑步，这种潜在能力就得不到有效的发挥，跑步锻炼使胸廓扩张，肺泡开放，肺泡通气量增加，同时跑步运动还能增强气管黏膜纤毛的蠕动能力，增加排出肺内废物的能力。

同时随着心血管功能的增强，血气交换功能显著增强。跑步使人精力充沛，心肺功能都得到锻炼。据报告，经常跑步锻炼的人，呼吸道疾病的发生率比其他人减少 50%。肺活量大的人要比肺活量小的人寿命长。

对神经系统有促进作用

体育运动促进了人体的新陈代谢，对机体各个系统都有影响，如神经系统。跑步可以调节大脑皮质的兴奋与抑制，能改善睡眠，提高睡眠质量，增强记忆力、注意力，思维敏捷，逻辑性强，能缓解心理压力，增强身体的平衡性、灵活性和协调性。

对骨骼系统及骨骼肌的促进作用

长期参加游泳、自行车或跑步运动，尤其是参加铁人三项运动，对骨骼和骨骼肌的促进作用是显著的，表现在骨皮质增厚，骨小梁增多，骨粗隆增大，骨骼肌增粗，肌红蛋白增加，毛细血管增多，肌纤维增粗，骨骼胶原蛋白增加，钙成分增加，骨骼和肌肉弹性、韧性及坚固性均加强，体格变得强壮，并可预防骨质疏松。

运动可以治疗困扰老年人的失眠等症状

可以增强人体免疫力

铁人三项赛的游泳赛段是在自然水域进行的，水温一般不超过26℃。也就是说，游泳是在冷水中进行的运动。人体在冷水中浸泡，散热快、耗能多，为尽快补充散发的热量，以供冷水刺激的需要，神经系统便迅速做出反应，促使人体新陈代谢过程的加快，以改善和调节体温机能，从而增强机体对外界环境变化的适应能力，抵御寒冷、预防疾病。

经常参加游泳锻炼的人，由于体温调节机能的改善，不容易伤风感冒，特别是坚持冬泳或常年进行冷水浴者，身体长期接受冷刺激，形成条件反射，遇冷大脑便兴奋，从而调节全身各组织器官加强活动，迅速产生热量，抵抗寒冷。冬泳还能提高人体内分泌功能，使脑垂体、肾上腺的功能增强，从而提高人体对疾病的抵抗力和免疫力。

可以治疗某些疾病

铁人三项运动，是一项在室外进行的运动，集水浴、空气浴和日光浴三者为一体。游泳时水的阻力、压力和浮力对身体能起到良好的按摩作用。当游泳与医疗体育相结合时还能治疗某些病症。例如，游泳时呼吸加深，促使膈肌上下升降幅度加大，肠胃蠕动加剧，幅度加大，对慢性肠胃炎、胃下垂、肠胃神经

铁人三项运动员的身体都十分强壮

官能症、习惯性便秘均有良好的治疗效果。另外，游泳时身体舒张、放松，动作节奏明快。特别是滑行阶段，要求身体呈流线型，为减少阻

力，中轴（脊柱）尽量伸展，伸肩伸臂等动作对矫正和预防驼背及脊柱侧弯效果良好。

有助于减肥和塑形

现代社会，由于生活方式和饮食结构的改变，肥胖已经成为人类最大的健康杀手之一。肥胖症者的心脏病、高血压、糖尿病发病率是正常体重者的 3 倍；动脉硬化的发病率是正常体重者的 2～3 倍；癌症的发病率是正常体重者的 2 倍。肥胖还可以引起如中风、高血脂、呼吸道疾病、皮肤病等多种疾病。另外，肥胖还缩短人类的寿命。

铁人三项能够有效地帮助肥胖人士减肥，塑造苗条的身形。而且，铁人三项中的每一项运动都有不同的减肥和塑形效果。先来看游泳。水的阻力大，而且导热性能良好（比空气导热快 26～28 倍），游泳时身体直接浸泡在水中，散热加快，消耗的热量多。实验证明：水中游 100 米要比在陆地上走 100 米消耗的热量多 2～3 倍。

铁人三项运动员的身材都很健美

在 14℃ 的水中停留 1 分钟消耗的热量高达 100 千卡，相当于在同温度的空气中 1 小时所散发的热量。由此可见，游泳是健身、减肥、塑形最有效的运动之一。

再来看自行车项目。骑自行车时，由于周期性的有氧运动，使锻炼者消耗较多的热量，可收到显著的减肥效果。根据统计，75 公斤重的人，每小时以 1.5 千米速度骑 120 千米时，可减少半公斤体重，但必须持之以恒。

和游泳、骑自行车一样，长跑运动也有助于减肥和塑形。铁人三项运动能够有机地将游泳、骑自行车和长跑三项运动的减肥、塑形效果融合到一起，可以让运动员保持健康的身体和苗条的身材。

铁人三项运动的心理健康意义

研究证明，有规律的体育锻炼不但可以使锻炼者增强体质、促进身体健康、预防一些慢性疾病，还可以提高锻炼者的生活满意度和生活质量，对其心理健康产生明显的积极影响。总体来说，经常性地参加铁人三项运动，具有以下几个方面的心理健康效应。

改善情绪状态

参加铁人三项运动可以改善人的情绪状态。研究发现，体育锻炼对人的情绪状态具有显著的短期效应。运动后人们的焦虑、抑郁、紧张和心理紊乱等症状的程度显著减轻，而精力和愉快程度则显著增强。而且这种情绪的迅速变化，与锻炼者个体的健康状况、活动形式和活动强度等有着直接的联系。

除此之外，铁人三项运动对人情绪的长期效应也有着直接的影响。与不锻炼者相比，有规律的锻炼者在较长时期内很少会产生焦虑、抑郁、紧张和心理紊乱等情绪。

完善个性行为特征

人们的行为特征一般可以分为两种类型，用 A 型行为特征和 B 型行为特征来表示。A 型行为特征主要表现为性情急躁、争强好胜、容易

快乐的铁人三项运动员

激动、整天忙碌和做事效率高等。B 型行为特征主要表现为不好竞争、不易紧张、不赶时间、对人随和、喜欢自由自在等。

具有 A 型行为特征的人由于过度紧张的情绪反应，会引起内分泌失调，增加心脏病发病的几率。目前的一些研究主要集中在体育锻炼对改变 A 型行为特征的作用方面。研究结果表明，有规律的体育锻炼能明显改变 A 型行为特征，使其发生显著的积极变化。

确立良好的自我概念

自我概念是指个体对自己身体、思想和情感的主观整体评价，它由许多自我认识组成，包括我是什么人、我主张什么和我喜欢什么等。

坚持参加铁人三项运动或其他体育项目，可以使锻炼者体格强健、精力充沛，提高驾驭身体的能力，从而改善对自身的满意程度，确立良好的自我概念。

体育锻炼被公认为是一种心理治疗的好方法。目前人群中常见的心理疾患是抑郁症和焦虑症。研究发现，体育锻炼是治疗抑郁症的有效手段之一，抑郁症患者经过有规律的体育锻炼，抑郁症状能显著减轻。体育锻炼还具有治疗焦虑症的作用，经过有规律的体育锻炼，可以使锻炼者的焦虑症状明显改善。

PART 4　场地设施

比赛场地

整体设计

　　铁人三项比赛场地设计整体上应构建一个主会场区域，包含转换区、游泳出发区、终点区、主看台以及赛事所需的各功能区；游泳、自行车和跑步路线以主会场区域为中心展开，自行车和跑步路线一般设计为多圈形式，以最大限度地增强比赛的可观赏性，降低赛事的组织成本。

游泳路线

　　一般情况下，游泳比赛距离为 1.5 千米，可在足够宽阔的江河湖海中进行。游泳路线可设计为 1 圈或 2 圈，浮标在水面设置成矩形或多边形，所有转折角度应大于 90 度，第一个转折浮标距离出发区的距离不少于 350 米。

2008 年北京奥运会昌平铁人三项赛场

游泳出发可采用固定平台跳水、浮台跳水或沙滩跑入水中等形式。出发信号发生装置用于比赛出发，可使用蓄电池作为电源，汽车喇叭作为发声装置，配备控制单元（开关）；一般应使用 2 ～ 6 个喇叭，互相并联，均匀分布并固定于出发区后方；开关应延长接至出发区侧面，以便发令技术官员能够清晰地看到整个出发区、发现出发犯规的运动员。

昌平铁人三项场馆游泳赛区

大型比赛，游泳出发区旁应设媒体区。媒体区应垂直于游泳出发台方向设置，并使用硬质栅栏隔离，长度不小于 10 米。媒体区的设置不得妨碍贵宾及观众的视线。

游泳出发区旁还应设贵宾区，并使用硬质栅栏隔离。贵宾区和媒体区不可重叠或交叉。

游泳水域水深至少 1.5 米，跳水区域水深至少 2 米，要求水情稳定安全，水质须符合规则标准。《中国铁人三项运动协会比赛操作手册场地设置技术标准（2013 版）》规定，游泳路线的水质必须进行检测，水样应取自游泳水域内 3 个不同的区域混合而成，检测结果应符合以下条件：

1. 海水和过渡水

（1）PH 值在 6 ～ 9 之间；

（2）每 100 毫升水中肠球菌的含量不超过 100 （ufc/100ml）；

（3）每 100 毫升水中大肠杆菌的含量不超过 250 （ufc/100ml）。

2. 内陆水

（1）PH 值在 6 ～ 9 之间；

（2）每 100 毫升水中肠球菌的含量不超过 200 （ufc/100ml）；

（3）每 100 毫升水中大肠杆菌的含量不超过 500 （ufc/100ml）；

（4）蓝藻含量不超过 100,000 (cells/ml)。

铁人三项游泳比赛大都在自然水域进行，需要设置浮标，标明游泳路线。《中国铁人三项运动协会比赛操作手册场地设置技术标准（2013版)》对浮标的布置作了详细的规定。

按规定，转折处浮标直径应为 1 米，高度不低于 2.5 米，推荐使用"悉尼式"香蕉浮漂。理想的香蕉浮漂长度 5 米、直径 1 米，采用密封的 850～1100 丹尼尔的 PVC 材料，高频焊接，浮漂间多重联结，防漏气充气阀门，可以移动。

标志浮标的数量和放置可以根据实际情况有所不同，但至少应每隔50 米放置一个。

转换区

优秀组、23 岁以下组、青年组和少年组的比赛，转换区宽度不得小于 10 米，地面应平整，能满足比赛自行车骑行需要。两次转换的流线方向应保持一致，入口和出口处应避免急弯。

上车线距离最近的自行车架至少 5 米，一般可在地面上粘贴绿色地毯，长度与转换区出口相同，宽 50 厘米。

下车线距离最近的自行车架至少 5 米，一般可在地面上粘贴红色地毯，长度与转换区入口相同，宽 50 厘米。

如果使用两个转换区，则两个转换区内运动员自行车架位置应完全相同。

转换区出、入口至少须6 米宽。转换区周围应使用硬质栅栏完全封闭，在空间

转换区

允许的情况下，硬质栅栏与自行车架的距离应达到1.5米（减小物品丢失风险）。

分龄组等业余组别的比赛，要求相对宽松一些。首先，地面应平整，如果是草坪，应避免坑或者其它导致危险的物体，并进行细致的裁剪。流线设计应使得运动员"无车跑"的距离相同，并避免交叉。业余运动员转换区通道与骑行通道必须分开，即业余运动员不可从转换区骑行通过。

转换区应设置自行车架、储物箱等设备。一般情况下，优秀组、23岁以下组、青年组和少年组比赛，推荐使用"雅典式"独立车架，每两个车架间隔至少1米；有条件使用"悉尼式"流线的，每两个车架间隔至少2米。

每个自行车架上须配备一个印有运动员基本信息的塑封牌，一般为A4纸张大小，内容包括运动员的姓氏（一般性国际比赛和国内比赛，中国运动员应使用全名）、三字母国家代码和/或国旗。

在不影响比赛的位置，还应设置储物箱，方便运动员放置比赛装备。储物箱应统一尺寸，长45厘米，宽30厘米，高25厘米。每个储物箱上应粘贴比赛号码贴纸。

业余组的比赛要求相对宽松一些，可以参照优秀组的标准设置。

另外要注意的是，从游泳上水台到转换区的通道、转换区内、转换区出入口前后须使用蓝色地毯完全覆盖。

自行车路线

自行车路线设置要求适用于所有比赛组别，即优秀组和业余组使用同一赛道。首先，路面应平整、坚硬、光滑，无碎片或其它危险物，没有坑洼，赛前清扫干净。

其次，赛道宽度一般应达到6米以上。

第三，自行车路线一般应使用GPS或自行车搭载里程表进行测量，短距离和标准距离比赛误差不得超过 10%，长距离比赛误差不超过 5%。

另外，在设置路线的时候要注意，赛道必须完全封闭，确保安全；不可相互交叉；应避免铁道、带闸门的桥、吊桥等；应设置观众穿行天桥和路口，转换区前后 100 米、弯道前后 100 米以内不可设穿行口。

自行车比赛路线沿途设有一定数量的备用车轮站，运动员在比赛过程中遇爆胎等自行车器械问题，可到备用车轮站更换车轮或进行维修。

跑步路线

设置跑步路线的时候应注意，路面要平整、坚硬、无危险，全封闭，赛道宽度至少为 3 米，应避免上下台阶或类似危险地带，观众穿行路口不得设置在转换区、弯道和终点区域前后 100 米范围内。如遇松软路面，可使用木板覆盖。

跑步路线一般应使用轮式测距仪测量，其测量过程和结果须得到技术代表或技术代表指定人员的认可。跑步路线距离的测量应致力于"零误差"。

跑步路线的测量方法如下：

（1）厘清跑步比赛路线的路段组成，特别是出转换区和终点冲刺之前的路段，以及单圈的准确距离。

（2）明确运动员可以使用的道路范围，即运动员是否可以使用整个路面，赛时是否使用硬质隔离缩小路面范围等等。

（3）测量路线应为运动员可能使用的所有路线中的"最短路线"。

跑步赛道

（4）测量路线距离路肩的最小距离为 30 厘米。

（5）测量时应保持合适的速度，特别是在路面不平的情况下，以避免跳跃影响测量结果。

（6）遇障碍物或某段道路封闭时，应采用合适的替代测量方法。中止测量时，需注意拉好手刹。

优秀组比赛路线一般为 3~4 圈，短距离组为 1~2 圈，分龄组和伤残铁人三项组为 1~2 圈，接力组为 1 圈，长距离为 1~2 圈。

跑步路线上还要设置一些辅助器材，以方便比赛：

（1）距跑步路线起点和终点 1 千米处各设置一个距离标志牌。

（2）沿途应设置足够的标志牌，以便运动员识别正确的路线。

（3）折返点处应设置明显标志物。

（4）长距离铁人三项比赛至少每隔 5 千米设置一个厕所。

饮水站

在转换区、自行车路线和跑步路线上，应按比赛需要设置饮水站。在长距离比赛中，自行车路线上至少每隔 40 千米应设置一个饮水站，每个饮水站均应配备厕所，饮水站长 40 米。

跑步路线上至少每隔 1.25 千米设置一个饮水站；根据技术代表要求，该间隔距离可缩短。

2008 年北京奥运会铁人三项项目
设置的饮水站

在转换区之后的 200~400 米之间应设置一个饮水站。

饮水站的具体设置地点应选择较为宽敞的场所，避免占用跑步路线。饮水站应设置为直线型，并方便运动员取水。

优秀组、23 岁以下组、青

年组和少年组比赛应提供密封的瓶装水；每名运动员每圈每个饮水站至少配备 2 瓶 500 毫升的水；分龄组等业余组别和伤残铁人三项组可提供水和体能饮料。所有水和饮料均为常温。

处罚区

为方便裁判员执判，自行车路线和跑步路线上应设置处罚区。按照规定，自行车路线处罚区在标准距离和短距离比赛中至少每 10 千米 1 个，长距离比赛至少每 30 千米 1 个，具体位置由技术代表决定。

处罚区须封闭，配备 1 张桌子、2 把椅子、1 个公告牌、遮阳帐篷及移动厕所等。处罚区前 50 ~ 100 米和处罚区入口处应分别设标志牌。

跑步路线处罚区设在跑步路线末段的合适位置，便于转换区技术官员和处罚区技术官员交流。其他要求与自行车路线处罚区相同。

终点区域

比赛终点一般设有终点门作为明显的标识。终点前的冲刺通道不短于 100 米，宽度不小于 5 米。

在大型比赛中，终点后应设有摄影台，为媒体拍摄提供特定的位置。媒体摄影台一般设置在终点后 15 米处，一般为 3 ~ 4 级阶梯式，每阶长 3 ~ 4 米、宽 1.5 米、高 60 厘米。

媒体摄影台后侧设置采访区，为主要媒体提供第一时间采访运动员的机会，大小约 10 平方米，配备背景板和 3 把椅子。

终点区域还应设置运动员恢复区。运动员恢复区距离终

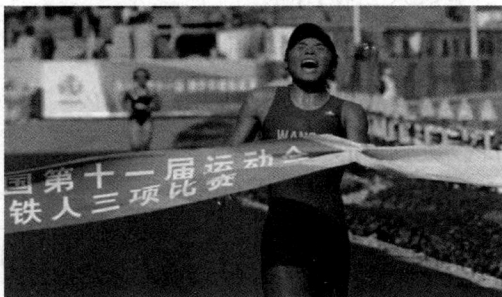

率先冲过终点的运动员

点区域的距离不得超过 50 米，面积不小于 100 平方米，须完全封闭。

比赛服装

一般要求

和大部分体育项目一样，铁人三项赛也有专用的比赛服装。专用的铁人三项比赛服可以用于整个比赛过程，包括游泳、自行车、跑步和换项，不需要更换。比赛服应合身、舒适，与身体贴合良好但不紧绷，游泳时不兜水，出水后水分能够较快排除。

《国际铁人三项联盟竞赛规则（2013 版）》对服装细节作了详细的规定。在优秀组、23 岁以下组和青年组比赛中，参赛运动员在整个比赛和颁奖仪式中，必须身着比赛服；比赛服必须覆盖正面整个躯干，背部从腰部以上可以外露；从肩部以下手臂必须裸露。颁奖仪式上允许穿着长衣长裤。技术代表根据天气情况，可以授权覆盖这些区域。在允许使用防寒泳衣的情况下，可以覆盖手臂但不能覆盖手部（此条不适用于冬季铁人三项比赛）。

如果比赛中禁止使用防寒泳衣，那么在游泳赛段膝盖以下部位不允许覆盖。如果允许使用防寒泳衣，则允许在游泳赛段覆盖膝盖以下腿部。其他赛段也允许覆盖。

国际铁人三项联盟还建议运动员使用连体式比赛服，如果使用分体式比赛服，则上、下两部分之间不得有空隙，也就是说两部分应重叠。运动员在整个比赛过程中都必须覆盖躯干。

比赛服如果有拉链，应置于背后，最长不超过 40 厘米（长距离比赛项目除外）。

在标准距离或短距离比赛中，优秀组、23 岁以下组、青年组和少年组运动员在整个比赛中必须穿着同一件比赛服。

如技术代表同意，可以使用雨衣。雨衣必须与比赛服的样式和颜色相同，或者是透明的。

如果比赛服不符合规则要求，运动员必须穿国际铁联提供的比赛服，或覆盖所有不符合规则规定的标志。

穆斯林女性运动员

来自穆斯林地区的女性运动员允许将除脸部以外的其他部位完全覆盖，只要符合以下规定：

（1）比赛服材料必须得到国际泳联的认可（仅适用于不使用防寒泳衣的游泳比赛中）；

（2）所穿服装不能影响自行车设备的正常运行；

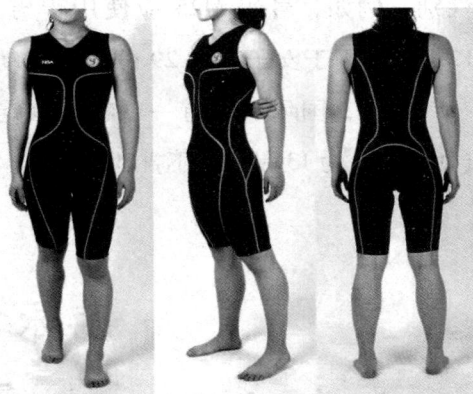

铁人三项连体运动服展示

（3）根据技术代表的指示，在比赛服上使用身份识别元素。

比赛号码

在跑步赛段，运动员必须佩戴比赛号码（号码布）。比赛号码必须从正面清晰可见。优秀组、23 岁以下组、青年组和少年组运动员不必佩戴比赛号码。当分龄组比赛和其他组别运动员混合比赛时，技术代表有权强制规定所有运动员佩戴比赛号码。参加冬季铁人三项比赛的运动员必须佩戴比赛号码。

在自行车赛段和使用防寒泳衣的游泳赛段可使用号码布。在不使用防寒泳衣的游泳赛段禁止使用号码布。

纹身号码

当地组委会将为优秀组运动员提供纹身号码贴纸，运动员们须在赛前将纹身号码转印至身体上。如国际铁联技术代表未在技术会上做特别说明，纹身号码应转印至每一手臂和腿部。

两位数和两位数以上的号码，必须按垂直方向排列，而非水平方向。对于分龄组比赛，运动员其中一条小腿上必须标记其所属的分组和性别。例如，号码 M25 应使用于男子 25～29 岁分龄组运动员，号码 F25 应使用于女子 25～29 分龄组运动员。

另外，国际铁联有一项特殊规定，即在所有的比赛中不使用 13 号（西方人认为 13 是一个不吉利的数字，中国部分地区也视 13 为不洁之数）。

游泳装备

游泳帽

游泳帽是游泳专用装备，大多为乳胶制品，也有用全棉或化纤织物制成的。游泳帽要求表面光滑，可以减少水的阻力和保护头发。游泳帽两侧要略长，盖紧耳部，减少水对耳的震动和压力。另外佩戴游泳帽也是一种文明的表现。

一般游泳爱好者建议选择硅胶泳帽。硅胶泳帽弹性好，和头的密合性也较佳，可防止头发直接接触到游泳池的水，冬天还有保暖的效果。乳胶或硅胶制品的泳帽在用完后要清洗、晾干并撒上爽身粉或滑石粉，以防止互黏。

《国际铁人三项联盟竞赛规则（2013 版）》规定：

（1）运动员在游泳赛段必须佩戴正式游泳比赛的泳帽。

（2）泳帽由国际铁联或组委会提供。

（3）若运动员选择佩

铁人们头戴统一泳帽

戴两个泳帽，则官方提供的泳帽须戴在最外面。

（4）除国际铁联和组委会官方指定之外，泳帽上不允许出现任何赞助商标志。

（5）运动员不能以任何方式改动泳帽。

（6）运动员不佩戴官方泳帽或随意改动官方泳帽将受到处罚，最严厉可被取消比赛资格。

护眼镜

游泳护眼镜俗称水镜，一般用透明的硬塑料模压制成，贴近眼眶处用海绵或橡胶黏合，防止渗水，其作用是可以保护眼睛，避免水中的细菌感染眼部，防止眼科疾病；另外一个作用是可以使初学游泳者纠正在水中睁不开眼睛的毛病。

挑选水镜时要注意其防水性、清晰度、防雾性能及橡胶带规定的松紧程度是否适合。对初学者来讲，选择一款价格较为便宜并适合自己的水镜标准主要是：在游泳出发时和游泳过程中，水镜不脱落、不漏水，佩戴舒适。

水镜的防雾常识：

（1）使用前请先用清水浸湿再佩戴，防雾效果较好。

（2）佩戴、清洗或使用水镜过程中，避免以指甲或手指接触及涂抹镜内防雾表面，防止镜片刮伤和破坏防雾效果。

（3）每次游泳完后，请用清水冲洗水镜，以避免油垢覆盖而阻隔防雾效果。

（4）每次游完泳，用中性清洁剂加水轻轻用手指搓揉出泡沫后，然后用手指蘸取些许的泡沫轻抹水镜镜内，洗净油垢，再用清水冲洗后即可去除油垢，恢复防雾效果。

防寒泳衣

防寒泳衣

防寒泳衣主要功能是保暖，同时也可稍稍增加浮力，这种差别尽管很细微，但对于专业运动员来说对游泳成绩的影响还是比较大的，因此竞赛规则内对于防寒泳衣的厚度和材料是有严格规定的。

（1）防寒泳衣任何部位的厚度都不能超过 5 毫米。如果泳衣是由两部分组成，则结合处的厚度也不能超过 5 毫米的限制。

（2）防寒泳衣在运动员游进过程中必须紧贴运动员身体。

（3）防寒泳衣可以覆盖运动员手、脸和脚以外的任何部位。

非法装备

运动员不可以使用以下装备：

（1）人造推进装置；

（2）漂浮装置；

（3）手套或袜子；只穿防寒泳衣的下半身；在规则不允许的情况下使用防寒泳衣；未经认证的泳衣；呼吸管；

（4）佩戴号码布（在禁止使用防寒泳衣的游泳赛段）。

运动员必须佩戴组委会提供的游泳帽，并按规则穿着铁人三项比赛服进行比赛。允许戴泳镜和鼻夹，但不可以使用脚蹼、手套等类似的人造推进装置。水温低于20℃时运动员可穿铁人三项比赛专用的防寒泳衣进行比赛。

安全浮球

业余运动员均可使用，特别是初次参赛的铁友们，戴上这个可以增强安全感和信心，游累了还可以抱住休息一阵（但是注意只能拴在身上拖在身后，不可抱着往前游）。

骑行装备

头盔

头盔又称安全帽，是运动员保护头部必备的护具。一般情况下，头盔由金属或玻璃钢、皮革条制成，用双股带子紧贴耳朵在下颌处固定。运动员不戴头盔不能参加比赛。运动员接触自行车的整个过程都必须戴好头盔，即从自行车比赛开始运动员从车架上取下自行车，直到自行车比赛结束运动员将自行车放回车架上。

头盔

如果运动员出于某种原因需要离开赛道，则必须在离开赛道并下车后方可解开头盔；并且在重新进入赛道或重新上车之前必须将头盔戴好并扣紧安全带。

为了让头盔最大限度地发挥保护作用，其大小必须合适。新购买的头盔的束缚带和衬垫需要进行调整，目的在于保证头盔在头上比较适合。同时还要保证所购买的头盔必须经过安检部门的检验，并有合格证。

参加铁人三项运动，头盔还需要经过国际铁联会员协会认可的国家级检测机构的认可。不允许对头盔的任何部位进行改装，包括安全扣、外织物层或移除任何部位。

骑行鞋

骑行鞋大多由皮革制成，无后跟，鞋底上安装卡子，用于联结脚蹬套用；鞋底硬性，以发挥脚踏蹬的力量。

在自行车段的比赛中，选择一双质量较好的骑行鞋有助于提高运动员的成绩。硬底的骑行鞋不仅穿着舒适，还有助于最大限度地传送能量，减少骑车过程中的体力消耗，避免因为鞋底过软而造成的不适。

选用带踏脚套的脚蹬，再购置一双质量不错的骑行鞋，即使骑行条件

骑行鞋

比较恶劣，也应该能够对付。与公路自行车运动的骑行鞋不同的是，适合山地自行车运动的骑行鞋既适合骑车用，又适合短距离的步行用。

护眼镜

一副好的护眼镜不仅仅是一种时尚，更多的能起到防风、防沙、防止昆虫飞入眼内和眼睛被树枝刮伤等保护作用，同时还能过滤有害的紫外线和红外线。

一副好的护眼镜不仅不容易破碎，能起到护罩的作用，从光学角度来讲也应该非常完美。选择护眼镜时，最重要的是重量轻，佩戴舒服，镜片适合各种光线。同时还需要准备一条细

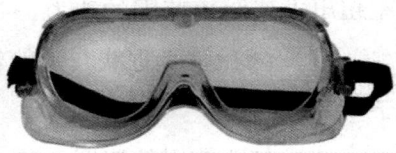

护眼镜

绳挂在脖子上，以免摔倒时把眼镜甩出去。骑车时，当镜片被泥浆挡住，或者由于天气冷，镜片被水汽覆盖住时，需要把护眼镜摘掉。

自行车

自行车必须具备以下特征：

一、在允许尾随的比赛中

自行车必须是传统样式的，即车架为三角形，三条边呈均匀或逐渐变细的管状（其截面可以是圆形、椭圆形、扁平状、珠状或十字形的），并围绕一条直线构成。

车架三条边的结合处需满足以下要求：

（1）上管连接头管顶部和座管顶部，座管连接至底部的中轴套管，下管连接中轴套管和头管底部；

（2）后三角由牙盘支架、车座支架和座管构成，其中车座支架应固定在座管顶部与上管的连接处；

（3）各个部件的厚度最大为 8 厘米，最小为 2.5 厘米，牙盘支架和车座支架的最小厚度为 1 厘米，前叉的最小厚度为 1 厘米，这些部件可以是直的或者弯曲的。任何两个部件连接处的截面尺寸的最大比例为 1:3；

（4）自行车的长度不超过 185 厘米，宽度不超过 50 厘米；

（5）从地面到牙盘轴心的距离应在 24～30 厘米之间；

（6）车座最前端垂线与牙盘轴心垂线的距离，向前不能超过 5 厘米，向后不能超过 15 厘米，并且运动员不可具备在比赛过程中调节车座超出上述距离范围的能力；

（7）牙盘轴心垂线与前轮轴心垂线的距离应不小于 54 厘米，不大于 65 厘米；

（8）禁止使用整流罩，禁止使用任何附加或混合在主体结构上、用于减小阻力或增加推进力的装置，如保护屏、机身整流装置或类似装置；

比赛用自行车

（9）除非在比赛开始前得到技术代表的认可，非传统或非寻常的自行车或装备都是非法的；

（10）只有与自行车相关的产品标识可以出现在运动员的自行车上，标识不得阻碍或隐藏自行车框架上的自行车号码。运动员必须按要求将国际铁联或当地组委会提供的自行车号码粘贴在自行车上，且不得做任何改动。

应当特别指出的是，《国际铁人三项联盟竞赛规则（2013 版）》规定：带有国际自行车联盟（UCI）公路赛认证标签（认证码 RD）的自行车，即便不符合上述要求，也可在允许尾随的比赛中使用。

二、在不允许尾随的比赛中

在不允许尾随的比赛中，运动员使用的自行车必须符合以下要求：

（1）自行车的长度不超过 185 厘米，宽度不超过 50 厘米；

（2）从地面到牙盘轴心的距离应在 24~30 厘米之间；

（3）牙盘轴心垂线与前轮轴心垂线的距离应不小于 54 厘米，不大于 65 厘米；

（4）车座最前端垂线与牙盘轴心垂线的距离，向前不能超过 5 厘米，向后不能超过 15 厘米，并且运动员不可具备在比赛过程中调节车座超出上述距离范围的能力；

（5）除非在比赛开始前得到技术代表的认可，否则非传统或非寻常的自行车或装备都是非法的；

（6）只有与自行车相关的产品标识可以出现在运动员的自行车上，标识不得阻碍或隐藏自行车框架上的自行车号码。运动员必须按要求将国际铁联或当地组委会提供的自行车号码粘贴在自行车上，且不得做任何改动；

（7）带有国际自行车联盟（UCI）计时赛认证标签（认证码 TT）的自行车，即便不符合上述要求，也可在不允许尾随的比赛中使用。

对自行车的具体要求

车轮

参加国际性的铁人三项赛，车轮必须符合《国际铁人三项联盟竞赛规则（2013 版）》的相关规定：

（1）车轮不可带有具备加速能力的机械装置。

（2）轮胎胶合良好，碗组紧致，车轮正确安装。

（3）每个车轮都必须有单独的刹车。

（4）车轮只允许在官方的备用车轮站进行更换。

（5）备用车轮站的技术官员将合适的车轮交给运动员，运动员自行负责更换。

（6）运动员不可使用其他运动员或参赛队的备用车轮。

（7）对于允许尾随的比赛，车轮必须具备以下特征：

直径（包括车胎在内）介于 55～70 厘米之间；

两个车轮的尺寸应相同；

车轮至少有 16 根金属辐条；

辐条的截面可以为圆、扁平或椭圆状，但宽度不得超过 2.4 毫米；

轮圈最大宽度为 25 毫米。

需要特别指出的是，不符合上述要求的车轮，如果在国际自行车联盟（UCI）批准的非标准车轮清单之列，也可以使用。

（8）对于不允许尾随的比赛，后轮允许有挡泥板。但技术代表可出于安全原因修改此项规则，如遭遇强风天气等。

车把

自行车车把也需要符合《国际铁人三项联盟竞赛规则（2013 版）》的相关规定。

1. 允许尾随的比赛

对于允许尾随的比赛，以下车把规则适用：

（1）只允许使用传统的下弯式车把，车把端口必须封闭；

（2）可以使用经过认证的附加把，附加把不得超过刹车把手的最前端；

（3）附加把左右把手的最前端须连接在一起，不允许有空隙；

（4）直伸向前的车把，在其两侧把手前伸的最远端，必须使用稳固且标准的桥接装置连接；

（5）刹车控制杆必须安置在车把上，不可安置于附加把上，且不可伸向前方；

（6）附加把末端不得带有前伸的条状物或变速开关；

（7）附加把的最高点与肘垫内侧最低点之间的高度差不超过 10 厘米；

（8）车把或附加把上不得放置水瓶或水瓶架。

2. 不允许尾随的比赛

对于不允许尾随的比赛，车把必须符合以下规则：

（1）车把和附加把不得超过前轮前沿；

（2）分为两部分的附加把不须连结在一起；

（3）所有的管状装置的末端均必须封闭。

脚蹬

对一般的赛车而言，脚蹬首先承受腿部传来的力，这种力量通过其他传动装置驱动自行车前行。有的自行车的脚蹬带有踏脚套，有的没有。踏脚套有塑料的，也有金属的。它的作用就是使车手的双脚紧紧地固定在脚蹬上。这种装置会使双脚的活动余地大大减小。脚蹬上的踏脚套起着把车手的双脚固定在脚蹬上的作用，这有利于能量的传送。

不带踏脚套的脚蹬，则需要装备一双合适的骑行鞋，以便在鞋底上安装夹板，固定双脚。不带踏脚套的脚蹬和骑行鞋有助于最大限度地传递车手踏蹬时的能量。对于不带踏脚套的脚蹬，车手只能通过调整其弹簧的张力来决定与脚蹬之间的黏合力。对这种装置不太熟悉的车手开始时可以把弹簧的张力调整到最小状态。

铁人三项自行车赛段允许使用卡式脚蹬，但须确保运动员摔倒时脚可以快速脱离脚蹬。

曲柄

曲柄是车手和自行车之间传送能量的主要媒介。曲柄也不尽相同。供初学者使用的自行车上的曲柄同专业运动员所骑的自行车上的曲柄在价格上相差很大。山地自行车上的曲柄连接着 1~3 个不同尺寸的链轮。这样，下坡或在平地上骑车时都能达到相当高的速度，还有利于攀爬比较陡的斜坡。当然，这一切都要依赖于所选齿轮的传动速比。

这些链轮的造型及其曲柄连接的方式因曲柄装置的不同而各不一

样。一般来讲，链轮都是通过曲柄上的一个锥形方孔固定在中轴上的，曲柄则用螺栓固定住。所有这些部件都是固定的，因此不能进行调整。但链轮可以在一定范围内调换成其他的尺寸。

齿轮

山地自行车的齿轮传动速度为自行车以较高的速度行驶提供了条件，而在爬比较陡的斜坡时则又能保证自行车以较低的传动速度行驶。为了充分利用这一特点，车手需要掌握齿轮的工作原理。

车架中央上有链轮，通过车驾底部的托架固定在曲柄上。齿轮的尺寸、大小也不一样：大轮 42～48 个齿，中轮 32～36 个齿，小轮只有 20～26 个齿。车驾后部，在后轴上还有一组飞轮，最小的只有 11 个齿，最大的则有 36 个齿。前面的链轮同后面的飞轮的组合全不相同。

不过，应当注意的是，并不是所有的铁人三项赛都允许使用山地车。参赛运动员可以在赛前向主办方咨询，或者将自行车送往比赛设置的技术会上，向裁判长申请对自行车进行检查，以便进行必要的调整。

链条

经过特殊处理，由新兴的合金材料制造的链条既结实又有力。为了更好地传送能量，链条必须干净、润滑。一定要利用对环境无污染的清洗剂定期清洗链条，并且要在每一次骑车之前用合适的链条润滑油润滑链条。润滑较好的链条能够有效地传送 90% 以上的能量，而一般车辆的动力转化比平均为 85%。

变速装置

山地自行车不仅有前变速器，还有后变速器。前变速器由左侧的变速杆制动，后变速器则由右侧的变速杆制动。变速杆又称齿轮拨叉，必须安装在比较顺手的位置，这样操作起来才比较方便。不过，这也是个人的喜好问题。如果能够紧急换挡，不必在意安装在什么部位。

借助变速器，车手可以自由地调整自行车的速度。为了能够攀爬比较陡峭的斜坡，山地自称车的齿轮需要有不同于普通自行车的传动速比。自行车变速装置在近年来也发生了相当大的变化。目前最流行的变速装置有手握式变速器和"快速"变速器。

（1）拇指变速杆。这种变速杆通常位于车把顶部，用拇指和食指推动变速杆就可以调速。

（2）"快速"变速杆。这种变速杆通常位于车把的下方，可通过老式的按钮或新式的推拉杆制动。把链条从大些的齿轮向小齿轮拨动时，后变速器的变速杆一次可以拨动1～3个齿轮，而从小齿轮向大齿轮拨动时，一次则只能拨动1个齿轮。

前变速的变速杆在两种方向上每次都只能拨动一个齿轮。有些型号的自行车还安装着显示器，车手可以看到所选择的齿轮。不过，这种装备是否允许在正式比赛中使用，必须在赛前向主办方咨询。

（3）握式变速杆。这种变速杆可以绕着车把转动，而不是把它们固定在车把上绕着轴杆转动。握式变速杆构成车把握手处的一部分。该部分就像摩托车的节流杆一样，是可以转动的，从而能够制动变速器。

刹车装置

车手只需要一两个手指就能操作刹车装置，锁住车轮，没有必要用四根手指来操纵车闸，需要腾出其他三根手指握住车把，控制自行车。

一般来讲，前闸的刹车效果比后闸好。但是，根据地形和车闸刹车效果的不同，两个车闸应该谨慎使用。在短而急的斜坡上向下骑行，或者在土质疏松的地面上转弯时，除非骑车的技术非常娴熟，尽量不要使用前闸。

长距离的下坡途中，也不要按住前闸不放，因为这样做很容易导致车圈和闸皮升温，车闸会因温度过高，表面变得比较光滑，从而影响刹车效果。

在到达斜坡底端之前，车闸要时紧时松，这样不仅可以防止车圈和闸皮过度升温，还能保证闸皮充分发挥其刹车效果，并且有助于车手控制好自行车。

盘式刹车装置发展很快，刹车效果也比较好，目前高级自行车上都是用这种刹车装置：有的是标准配置，有的是车手自己安装的。不过，传统的环状车闸刹车效果依然很不错。

鞍座

鞍座俗称"车座"。在自行车的各个部件中，鞍座是同人体直接接触得最多的部件之一。从解剖学的角度出发，配置适合男女不同身体构造的鞍座，不仅能使车手感到舒服，还能减少受伤的几率。车手可以对鞍座进行调整，也应该进行调整，目的是保证鞍座适应自己的身高和体型，让自己感觉舒适一点。

鞍座的位置也可以进行精确地调整。新手可以请有经验的车手帮助完成这一工作。大多数山地自行车喜欢把鞍座尽量向后拉，这样，在下坡时，车手可以借助杠杆作用更好地应付较陡的斜坡。

自行车的保养和维修

自行车是一部方便、高效的复杂机器，零部件都具有良好的耐压性能。当然，在比赛过程中，自行车可能会突然坏掉，但如果工具合适，具备基本修理知识，这是可以避免的——至少能很快修好损坏的部件。

赛后清洁

清洁材料

为了保持自行车的清洁，避免部件的不必要磨损，在比赛结束后最好清理一下车上的污垢。清理需要以下材料：

（1）一桶干净水；

（2）一桶热肥皂水（可用洗衣粉或餐洗净等家用清洁剂，亦有专用清洁剂，效果较好，但价格相对较高）；

（3）去油脂剂（环保型的酸类溶剂、石蜡或煤油）；

（4）一套刷子（一把细长的刷子用来清洗密封的地方，一把大的软毛刷子用来清洗车架，一把硬刷子用来刷洗车辐条和车胎，牙刷可以用来刷洗小凹角和裂缝）；

（5）一块柔软的干抹布（用来擦干自行车）；

（6）自动车链清洁器。

清洁方法

清洁自行车可以按照以下步骤进行：

（1）把自行车放在工作台上，或者采用欧式方法用吊索把自行车吊起来；

（2）用一桶清水或低压水管冲洗自行车，除去车身上的污垢和灰尘（但要注意不要把水洒到轴承上，以防水渗进焊接缝内）；

（3）卸下车轮单独清洗；

（4）用去污剂清洗飞轮、车链、轮盘和后拨链器滑轮处的油渍和污渍；

（5）用热肥皂水把自行车上下清洗一遍，先洗车把和车座，最后清洗曲柄和车链；

（6）擦净车闸的橡皮垫，检查是否磨损过度或有异物陷在橡皮垫里；

（7）检查控制线及其线套是否有损坏或磨损，如有磨损或损坏，应及时更换；

（8）清洗车轮并检查车圈的侧面和辐条的洞眼是否有损坏或者开

裂的迹象，检查车胎是否有损坏，尤其要注意车胎的侧面；

（9）一手拿住车轮，另一只手转动轴承，检查车轮的轴承是否有磨损。轴承应该能够平稳灵活转动（尽管轴承上的油垢可能会产生轻微阻力）。如果车轮轴承转动明显不稳或很费力，应该维修花鼓；

（10）把自行车放在工作台上，转动曲柄，左右晃动几下。曲柄应该平滑转动，不应该有任何跳动现象。记住所有损坏及存在隐患的部位，应马上加以解决。

保持润滑

自行车的多数部件需要保持清洁、润滑，这样才能灵活、正常地长时间运转，保持良好工作状态。

润滑链条时，不要使用普通的家用油或机油，应该使用自行车专用的车链润滑油。这种润滑油配方独特，可适应各种骑车条件。干燥条件下专用的链条润滑油不吸尘，用水就可以洗掉。使用潮湿条件下专用的润滑油可防水。而使用普通油不仅会玷污链条，而且容易沾染灰土，形成有磨损力的膏状物质，会损坏传动系统。

车座杆也需要时刻保持润滑。清洗自行车时应在车座杆上涂上一层薄薄的润滑脂，以防车座杆与车架相接部位生锈。

避震前叉保养时可以使用厂家专供的保湿液作润滑剂，故而不需要使用其他润滑剂。如果前叉需要使用外部润滑剂，则应该使用生产厂家提供的润滑剂或者是无锂润滑脂。普通润滑油会导致套筒老化——套筒即伸缩式避震前叉的滑动外表，最终导致减震器失效。

转动车轮时如果车轴转动吃力，必须拆开进行修理（需要使用专门工具，如两个锥形扳手）。轴承的锥形内圈如果有了凹孔，就要连带轴承一起换掉。轴承转动处必须使用润滑油。为升级装备，在售后市场上购买的优质轴承，一般都配有密封的轴承筒，如果这种轴承出了问题，就需要把整个轴承筒都替换掉。

预防性保养

如果预防性保养措施做得好的话，不但在效果上比维修要好，而且也更便宜。

车轮保养

车轮是受力最多、最易磨损的部件，因此应检查车胎是否有划破、凸起和磨损现象，尤其要注意车胎的侧面。如果发现有破损，应该立即更换或修补。车轮轴承变得不平或者出现晃动也应该及时维护。

检查车轮的辐条是否松散，车圈是否失真（车圈是否仍是圆环形，侧面看是否仍是平面），车圈是否完好无损（发丝般的细小裂痕都预示着车圈马上要出问题）。

车架

清洗车子时，检查车架是否生锈或者有裂缝，尤其是焊接处和车头碗组部位。

车头碗组

按动前车闸，检查车把的轴承状况。前后摇动自行车，如果车头碗组处出现任何撞击声或者任何松动，就应该立刻调整或者更换。否则会因为无法正常驾驭自行车而失去控制。

自行车的维修

基本的调整

（1）调节车闸控制线的松紧度：刹车杠杆和控制线由一个筒状调节器相连。调节器由中空螺栓和制动螺母组成。中空螺栓上有个纵向的狭槽制动螺母可以旋到中空螺栓上。螺栓的一端拧进刹车杠杆可松可紧，另一端可插入部分闸线套，露在外面的闸线穿过整个螺栓或调节器。

然后，把调节器拧松，拉出部分闸线套，拉紧闸线内芯，使刹车垫片贴紧车圈（或碟式闸的转鼓）。

（2）调节变速控制线：调节方法类似于调节刹车控制线。变速线与变速器和拨链器连接的地方通常有一个筒型的调节器，把前面的调节器拧松三圈就可调节后拨链器。拨链器上有两个"定位螺丝"可限制拨链器的活动范围。

然后，拉紧变速控制线，拨链器会向上抬起，使链条移到旁边的大飞轮上。相反，放松变速控制线，链条就会移到旁边的小飞轮上。把变速器调到最小，让链条缠在最小的飞轮上。前面选择中轮盘，把右变速器调一个格，链条应该挂到较大的飞轮上。

如果链条没挂上去需要再拧松筒型调节器，拉紧控制线；如果链条移动得太多，就拧紧调节器（顺时针），放松控制线。如此调试，直至变速线松紧合适。

链条

如果经常骑车，应该每半年更换一次链条；如果经常参加比赛，每3个月更换一次链条。否则链条会磨坏轮盘和飞轮，修理费用会更加昂贵。

控制线

检查变速和刹车控制线是否有磨损（磨损、腐蚀、保护套磨损）现象，一旦有磨损就应该立即更换。千万不要给控制线使用润滑剂。如果有腐蚀，就把控制线和保养套在一起换掉。

车把

检查车把是否有弯曲、裂缝现象，尤其是车把和车驾的连接部位。松散的车把套应粘好或者换一副新的。如果车把末端的牛角把松了，应该重新调整或拧紧。

底部托架

清洗自行车时，检查底部托架（即曲柄轴承）是否晃动，如有晃动就要更换。

路边紧急修车

懂得自行车各部件的组合，备好恰当的工具，车手可以自己轻松地修理自行车。因此，为了自行车的保养，也为了自身的安全，每一个车手都应该知道如何解决一些最常见的问题。

自行车后轮上的部件很多，错综复杂，有车闸、齿轮、飞轮、拨链器和链条等。因此，这里也是最常出问题的地方。很多新手学修车的时候，第一难事就是熟悉后轮上的部件。

下面来看看卸下后轮的方法：

（1）首先调节变速器，让链条挂在前面的中轮盘和后面最小的飞轮上。

（2）卸下自行车后轮的卡扣式车轴螺栓，把自行车倒过来。

（3）解开后轮的刹车控制线。

（4）一只手向后拉住拨链器，另外一只手把车轮从车架上取下。如果是碟式车闸，车轮脱离车架时要小心不要拉动刹车杠杆。

再来看看如何把后轮装上去：

（1）链条向上拉起，离开车架，调整链条，使其连接最小的飞轮和前面的中轮盘。

（2）把车轮放回车架原位，根据生产厂家提供的说明书，拧紧车轴螺栓固定车轮。

（3）重新连好车闸线。

（4）把自行车翻过来，结束。

车胎扎孔

车胎压力过大、内有异物或车胎被划都会导致车胎破裂。如果有异物就清除掉。如果车胎上有两个相邻的小孔，很有可能是因为压力太大，车圈压坏了车胎。很大的裂口一般很难修补，必须更换车胎。更换车胎的方法如下：

（1）卸下车闸，松开车轴螺栓，取下车轮，用装胎杆把车圈和车胎撬开。

（2）车胎边缘一露出车圈就把内胎拉出来。

（3）仔细摸摸外胎，如有异物要清除。

（4）取下被扎破的内胎。如果有备用内胎安上备用内胎，把备用内胎放在车圈和车外胎之间，把气门嘴从圈中拉出来。如果没有备用胎，找到扎孔的地方进行修补（所有的修补工具都有步骤说明）。

不要把内胎挤压在车圈和车外胎边缘中间。慢慢把外胎边缘撬进车圈内部，用双手把最后一部分外胎边缘塞进车圈（脚后跟踩住固定车轮动的部分，用装胎杆把整个车胎套在车圈上）。

（5）检查气门的位置。如果气门弯曲或者挤压在车圈和外胎之间，把气门按进去（再重新拔出来），一定要确保内胎位置正确。

（6）充气。

充气

脚踏式打气筒使用起来比较方便。气筒的气压表可以显示车胎内的气压，所以可以按需要准确充气。注意气门的型号，看清是汽车轮胎用气门嘴，是施拉德式还是普雷斯塔式，一定要为自己的气门嘴选择合适的装置或转换器。如果是手动打气筒，以下是最有效的充气方式：

（1）取下气门帽。如果气门上有螺丝拧开螺丝，以便能顺利充气。

（2）把气门转到上方，把打气筒放到气门上。

（3）一只手抓住车轮，拇指按在车胎上，食指和中指夹住气门和打气筒。

（4）为了方便用力，可以把打气的那只胳膊放在大腿上。

（5）开始充气。

链条断裂

链条的功能是传递车手施加在自行车上的驱动力。尽管一辆保养很好的自行车不该出现链条断裂现象，但变速不当，也会损坏链条。

如出现链条断裂该怎么办呢？

（1）车手需要用到链条铆接工具（个别品牌的自行车型号比较特殊，需要使用特殊工具）。

（2）挤出销轴，去掉链条中损坏的链板，以便重新连接链条。

（3）第一个完好链节上的销轴不要全挤出来，要留一部分在链板上。

（4）用力挤压，重新连成一个链节，使链条连接好，如果连接的链节太紧，抓住两边的链条旋转，用力拧一下。

（5）如果链条变短了，变速的选择范围会受到限制。

车轮扭曲

如果车轮只是轻微弯曲，可以通过调节辐条松紧度进行矫正。但是如果扭曲比较严重，则需要请专业人士进行全面矫正。

车轮弯曲的应急办法如下：

（1）卸下车轮上的车闸部件，检查车轮是否能够正常通过车叉。如果还能，可以将就着骑回家。否则的话就只能用力把变形的车轮拧回原形。

（2）把车轮放在地上，站到车轮上，用全身重量将车圈踩回原来的形状。

辐条断裂

如果没有带备用辐条，就把断辐条取下来，然后慢慢骑车回家就可以了。

取下辐条的具体步骤如下：

（1）用辐条扳手拧紧相邻的辐条，尽量保持车轮原状。

（2）如果断裂处靠近花鼓，拧松接套取下辐条；如果靠近车圈，直接把辐条从车圈拉出来即可。

（3）如果是后轮的辐条，要拆下则比较困难。可以把它和另外一根好辐条捆在一起，以免造成破坏。

变速器控制线断裂

变速器控制线断裂，拨链器的内部弹簧会将拨链器调到待用状态。可以使用拨链器上的定位螺丝把拨链器固定在某一位置，而后将就骑车回家。

具体方法如下：

（1）如果前控制线断裂，用内部定位螺丝把链条放在中轮盘上。

（2）若后控制线断裂，用后拨链器的定位螺丝把车链放在后轮的中型飞轮上。

（3）去掉断裂的控制线以免受伤。

跑步装备

铁人三项跑步装备展示

在跑步段的比赛中，运动员须穿运动鞋、比赛服完成，禁止裸露躯干、光脚比赛。比赛中可以戴遮阳帽和太阳镜，但不允许使用耳机、移动电话、玻璃容器等装备。

跑步鞋是跑步运动中公认的最重要的装备。跑鞋应合脚、舒适，透气性好。

PART 5 竞赛规则

参赛条件与资格

身体条件

铁人三项运动是一项高强度的比赛，为了保证运动员的安全和健康，一般比赛都对参赛运动员的身体条件要求较高。《国际铁人三项联盟竞赛规则（2013 版）》规定：

（1）铁人三项和国际铁联管辖的其他分项是高强度的运动项目。要参加此类运动项目的比赛，运动员必须要具备良好的身体条件。运动员的健康和利益至关重要。在参赛的同时，运动员即声明其健康状况和身体条件良好，可以完成比赛。

（2）每次比赛的游泳赛段、自行车赛段及全程的关门时间将由技术代表决定。这些关门时间须印制在赛前相关的报名资料内。

（3）国际铁联鼓励运动员定期进行身体健康检查，参加竞技运动之前进行事前评估。

参赛资格

不同级别和年龄段的比赛，对参赛选手的资格认证也不尽相同。《国际铁人三项联盟竞赛规则（2013 版）》规定了一般性原则，具体的比赛可参照该原则制定操作方案：

（1）所有参赛运动员必须与其所属会员协会保持良好的关系。所有的参赛报名由会员协会执行，而不可由运动员本人进行。

（2）被停赛的运动员不允许参加任何国际铁联比赛，或国际铁联会员协会批准的任何比赛，或任何在国际铁联规则之下举行的比赛。

（3）运动员年龄以参加比赛当年 12 月 31 日时的年龄计算。

（4）运动员年龄在 15～17 岁之间，有资格参加少年组比赛。

（5）运动员年龄在 16～19 岁之间，有资格参加青年组比赛。

（6）运动员年龄在 18～23 岁之间，有资格参加 23 岁以下组比赛。

参赛流程

报名

（1）运动员参加国际铁联的比赛，应通过其所属的会员协会按照其会员协会的资格系统或其他国际铁联批准的资格系统报名。

（2）在参加国际铁联世界杯赛或世界铁人三项系列赛之前，优秀组运动员必须签署国际铁联运动员参赛协议，该协议声明由于国际铁联规则和规定引起的任何争议，如果无法通过现有申诉程序得到解决，则由瑞士洛桑的国际体育运动仲裁法庭（CAS）做出最终判决，而不得向普通民事法庭提出诉讼。国际铁联运动员参赛协议签署后，有效期至比赛当年年底。

（3）所有分龄组、少年组、青年组和 23 岁以下组运动员必须在赛前报到和领取参赛包时提供带有照片的身份证明。

赛前技术会

教练员会议

如果安排教练员会议，则教练员会议应在运动员技术会之前一小时举行。会议由技术代表主持。会议议程包括比赛所有的技术细节以及为教练员特别提供的信息。教练员的证件将在此会议上发放。

若没有安排教练员会议，则教练员证件将在优秀组/23 岁以下组/青年组运动员技术会结束时发放。

分龄组技术会

在国际铁联世锦赛中，将召开分龄组领队和教练员技术会，会议由技术代表主持。会议只允许分龄组领队和教练员参加。会议内容包括比赛所有相关的必要信息。

伤残组领队会

如果比赛设置伤残组，还应该专门为伤残组别召开单独的会议。如果召开伤残组领队会，那么该会议将在伤残组技术会前一天举行。会议由技术代表主持，会议内容包括所有比赛相关的必要信息，也包含伤残运动员比赛应注意的特殊事项。

优秀组/23 岁以下组/青年组/少年组运动员技术会

所有的国际铁联比赛中，将召开优秀组运动员技术会，会议由技术代表主持。优秀组、23 岁以下组、青年组和少年组运动员必须参加，优秀组教练员也可以参加。国际铁联世界铁人三项系列赛及世界杯比赛中，男子、女子优秀组运动员的赛前技术会一同召开。会议时间为第一场优秀组比赛前第二天的下午6点（当地时间）。其他所有国际铁联比赛的技术会应在第一比赛日前第一天或第二天的下午6点（当地时间）举行，如技术会在其他时间召开则应提前45天在国际铁联网站上公布。不参加技术会的运动员将受到以下处罚：

（1）未出席技术会并未向技术代表请假的运动员，将从出发名单除名。

（2）迟到或未出席技术会但向技术代表请假的运动员，将转移至出发名单上的最后一位。

（3）参加世界铁人三项系列赛和世界杯赛的运动员，如果在同一年内缺席技术会超过两次，则从第三次缺席技术会开始，运动员将被从出发名单上除名。

领取参赛包

（1）所有参加国际铁联比赛的分龄组运动员必须在规定时间内，在比赛正式报到处领取参赛包。

领取参赛包的时间应从比赛前第三天开始，安排2天，每天的领取时间应为上午9点到下午7点。如果某个会员协会无法在规定的时间内领取参赛包，则必须提前14天以书面形式向国际铁联申请为其安排其他时间。

（2）参赛包中至少包含以下物品：5块官方比赛号码（1块号码布，1块自行车号码，3块头盔号码），4个安全别针，带有比赛号码的游泳帽，计时芯片，证件，运动员指南，参加比赛相关活动的门票等。

（3）优秀组、23岁以下组、青年组和少年组运动员在赛前技术会后领取参赛包。参赛包中包含以下物品：3块头盔号码，1块自行车号码，4套文身号码，证件，运动员指南，参加比赛相关活动的门票等。

检录

（1）当分龄组的运动员人数超过 700 人时，应在赛前一天提前安排检录。分龄组运动员较少时，以及优秀组、23 岁以下组、青年组、少年组和伤残组的自行车检查可以安排在本组比赛同一天。

（2）比赛当天，技术官员将在运动员准备区或转换区进行检录，包括：发放游泳帽和计时芯片（分龄组比赛除外），检查运动员比赛服是否符合国际铁联比赛服与装备细则，并为每件比赛服照相。如果运动员需要更换比赛服，那么此过程需重新进行。

（3）检查选手参赛用的自行车。

出　发

出发位置的选取

优秀组、23 岁以下组、青年组和少年组的比赛按以下方法选择出发位置：

（1）比赛前，运动员按照比赛号码的顺序列队，除非运动员的出发排位在运动员技术会后被调整。

（2）运动员登上出发台后直接站到自己选取的出发位置上，并且一直保持在预出发线后，直至出发程序启动。运动员选取出发位置后不可更改。每名运动员不可占用两个或两个以上的出发位置。

（3）出发技术官员负责记录每名运动员的比赛号码和所选取的出发位置。

（4）所有运动员就位后，出发位置选取结束。

出发程序

《国际铁人三项联盟竞赛规则（2013版）》规定：在优秀组、23岁以下组、青年组和少年组比赛中，出发程序按以下规则进行：

（1）所有运动员就位后（出发线技术官员确认并记录后），发出口令"on your mark"（各就各位），运动员上前一步至出发线。

（2）出发口令发出后，出发信号可在任意时刻发出，一般为喇叭声，运动员听到出发信号后，出发。

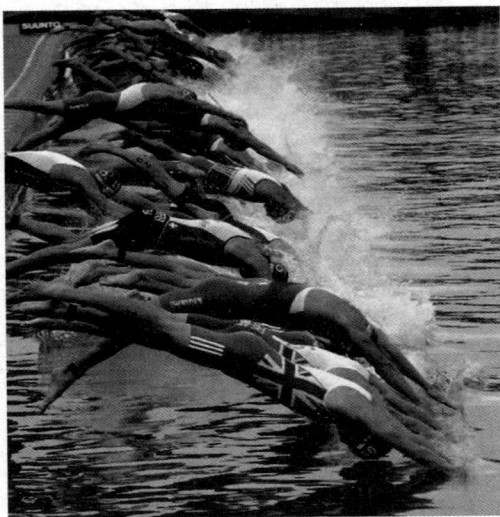

出发

（3）以下技术官员参与出发程序：

2名出发技术官员并肩站在运动员身后的出发区中间。第一出发技术官员负责发出"on your mark"的口令。第二出发技术官员负责发出出发信号。

2名出发犯规技术官员站在出发区两侧，可以清晰地看到整个出发情况。应配备一个汽笛用于在出发犯规的情况下发出信号（连续几声汽笛响），配备照相机或摄像机用于拍摄出发犯规情况。

出发犯规

在多名运动员抢跳（跑）的情况下，运动员必须回到先前选择的出发位置。出发技术官员负责操作，出发程序重新启动。

个别几名运动员抢跳（跑）的情况下，比赛可继续进行，出发犯规技术官员可认定出发有效。抢跳（跑）的运动员将在第一换项时接受 15 秒的时间处罚。在接力比赛中，上述时间处罚必须由队中第一名比赛运动员接受。

当然，这些规定只是国际铁人三项联盟的一般性规定，并没有强制各国、各地区的运动协会和俱乐部在一切比赛中予以执行。《国际铁人三项联盟竞赛规则（2013 版）》指出：其他分项比赛也可在此程序基础上进行适当调整后运用于比赛出发。

游　泳

一般原则

铁人三项赛或两项赛（如果有游泳项目时），一般都按照游泳、自行车和跑步的顺序进行比赛。

《国际铁人三项联盟竞赛规则（2013 版）》规定：

（1）运动员可以使用任何泳姿进行比赛，也可以踩水或漂浮。在游泳比赛每圈开始和结束时可蹬地前进。

（2）运动员必须按照规定的比赛路线前进。

（3）运动员可以站立在水底或抓住静止物体休息，如浮漂或静止的船只。

（4）遇紧急情况，运动员应高举单臂求救。一经正式救助，运动员必须退出比赛。

防寒泳衣的使用

防寒泳衣的使用将根据以下表格操作：

优秀组、23 岁以下组、青年组和少年组运动员：

游泳比赛距离	下列温度以上禁止使用	下列温度以下必须使用
1500 米以下	20℃	14℃
1501 米以上	22℃	16℃

分龄组运动员：

游泳比赛距离	下列温度以上禁止使用	下列温度以下必须使用
1500 米以下	22℃	14℃
1501～3000 米	23℃	16℃
3001～4000 米	24℃	16℃

规则的调整

根据下表，游泳比赛可缩短距离甚至取消：

初始游泳比赛距离	水温（单位：摄氏度）				
	13.0 以下	16.9～16	15.9～15.0	14.9～14.0	13.9－13.0
750 米	750 米	750 米	750 米	750 米	取消
1500 米	1500 米	1500 米	1500 米	750 米	取消
3000 米	3000 米	3000 米	1500 米	取消	取消
4000 米	4000 米	3000 米	1500 米	取消	取消

上述水温指标可因气温状况不同而进行调整。如果水温低于 22℃ 且气温低于 15℃，则测量所得的水温数据应根据下表进行调整：

单位：摄氏度		气温							
		15	14	13	12	11	10	9	8
水温	22	21	20.5	20	19.5	19	18.5	18	17.5
	21	20.5	20	19.5	19	18.5	18	17.5	17
	20	17.5	17	16.5	16	15.5	15	14.5	14
	19	17.0	16.5	16	15.5	15	14.	15	13.5
	18	16.5	16	15.5	15	14.5	14	13.5	13
	17	16	15.5	15	14.5	14	13.5	13	取消
	16	15.5	15	14.5	14	13.5	13	取消	取消
	15	15	14.5	14	13.5	13	取消	取消	取消
	14	4	14	13.5	13	取消	取消	取消	取消

　　如果受其他天气条件影响，如强风、暴雨等，国际铁联技术代表和医务代表可调整游泳比赛距离或防寒泳衣使用规定。最终决定由技术代表于比赛开始前 1 小时做出并向参赛运动员宣布。

水温测量

　　水温测量必须在比赛当天比赛开始前一小时进行，在比赛路线的中央和另外两个位置、60 厘米水深处进行测量，取所测得的最低水温作为官方水温。

自行车

一般性原则

　　《国际铁人三项联盟竞赛规则（2013 版）》相关规定指出：总体上，国际自行车联盟规则（以比赛当年 1 月 1 日版本为准）适用于比赛、熟悉比赛路线训练和官方训练。

（1）国际自行车联盟的公路赛规则适用于允许尾随的铁人三项和铁人两项比赛；

（2）国际自行车联盟的计时赛规则适用于不允许尾随的铁人三项和铁人两项比赛；

（3）国际自行车联盟的小轮车规则适用于冬季铁人三项、越野铁人三项和越野铁人两项比赛。

运动员三不允

比赛中，运动员应遵守相关规则和体育精神，不得做出以下三种行为：

（1）阻挡其他运动员。

（2）裸露躯干骑行。

（3）脱离自行车进行比赛。

危险行为

（1）除技术代表特别说明，运动员必须遵守比赛特殊的交通规则。

（2）如果运动员由于安全原因离开比赛场地，必须在没有获利的情况下回到比赛场地。如果因为这一行为而获利，则要接受时间处罚。分龄组运动员在转换区、其他运动员在跑步处罚区接受处罚。

尾随

尾随规定

根据是否允许尾随的规则，比赛分为两类：即允许尾随的比赛和不允许尾随的比赛。详见下表：

	青年组	23 岁以下组	优秀组	分龄组	伤残组
铁人三项					
团体接力	允许尾随	允许尾随	允许尾随	/	/
短距离	允许尾随	允许尾随	允许尾随	不允许尾随	不允许尾随
标准距离	/	允许尾随	允许尾随	不允许尾随	不允许尾随
长距离	/	/	不允许尾随	不允许尾随	不允许尾随
水陆两项					
冬季铁人三项（所有距离）	允许尾随				
越野铁人三项和铁人两项（所有距离）	允许尾随				

不允许尾随的比赛

《国际铁人三项联盟竞赛规则（2013 版）》规定，在不允许尾随的比赛中：

（1）禁止尾随其他运动员或机动车，并须拒绝其他运动员的尾随企图。

（2）运动员有权在首先进入、并不与其他运动员发生身体接触的条件下，进入比赛路线上的任何一个位置。当进入一个新位置的时候，运动员必须为其他运动员的正常前进留出合理的空间。超车时应有充分的空间。

（3）处于其他运动员尾随区的运动员有义务避免尾随的发生。

（4）运动员进入其他比赛运动员自行车尾随区或机动车尾随区，视为尾随。

尾随区

自行车尾随区为长方形区域，宽 3 米、长 12 米，以运动员自行车

尾随

前轮前边缘在地面上的投影为此长方形区域前面一条3米边的中点。运动员可以进入另一名运动员的尾随区，但必须是明显在超越该名运动员。穿越其他运动员尾随区的时间限制为20秒。

机动车尾随区为自行车赛段所有机动车周围35米长、5米宽的长方形区域。以机动车前沿为基准，确定此长方形区域前面一条5米边的中点。

特殊情况

《国际铁人三项联盟竞赛规则（2013版）》规定，在特殊情况下可以进入自行车尾随区。运动员可以在下列情况下进入另外一名运动员的尾随区：

（1）运动员超车时进入尾随区，并在20秒之内穿越尾随区。

（2）出于安全的原因：

饮水站或转换区前后100米；

在急转弯处；

技术代表特别指定的部分路线区域，如窄道、施工、绕道或出于其他安全原因。

超越

（1）运动员的前轮被其他运动员的前轮超过时，此名运动员即被超越。一旦被超越，运动员必须在5秒内退出领先运动员的尾随区。

（2）运动员必须保持在比赛路线的一侧，不可制造阻挡的局面。阻挡是指后方的运动员由于前方运动员在赛道上处于不恰当的位置而无法超越的情况。

（3）技术代表应在技术会上向运动员说明应从哪一侧超越其他运动员。

对尾随的处罚

（1）对于违规尾随的运动员，技术官员将清晰、明确地通知其接受时间处罚。

（2）接到处罚通知的运动员须在下一个处罚区停下，并根据不同的比赛距离接受一定时间的处罚：短距离 1 分钟，标准距离 2 分钟，长距离 5 分钟。

（3）运动员有义务在下一个处罚区停止比赛并接受处罚，否则将被取消比赛资格。

（4）在标准距离和短距离比赛中，第二次尾随犯规将被取消比赛资格。

（5）在长距离比赛中，第三次尾随犯规将被取消比赛资格。

跑　步

一般性原则

在跑步赛段的比赛，运动员：

（1）可以跑或走。

（2）佩戴号码布（适用于分龄组比赛，其他比赛中技术代表有权决定是否必须佩戴号码布，并在技术会上通知运动员）。

（3）不可以爬行。

（4）不可以裸体跑。

（5）不可以不穿鞋跑。

（6）不可以戴头盔跑。

（7）不可以借助杆、树或者其他固定物体协助转弯。

（8）不可以由队友、领队或其他人员伴随跑。

（9）不可以与其他领先一圈或多圈的运动员一起跑步（仅适用于优秀组、23 岁以下组、青年组、少年组和伤残组运动员）。

到达终点的定义

运动员躯干的任何部分到达终点线前沿垂直面时，即被认为"到达终点"。

安全规则

运动员有义务保留在赛道上。任何被技术代表或医务代表认为对其自身或他人构成危险的运动员将被驱逐出比赛。

PART 6 技术战术

游泳技术战术

水的特性

无论是参加普通的游泳比赛，还是参加铁人三项游泳赛段的比赛，都要先了解水的特性。水在自然界中无处不在，生命的存在也离不开水，但很多人对水的物理和化学性质却不甚了解。

（1）水的热传导要比空气的热传导大 26 倍，人在水中远比在空气里容易散失热量。

（2）游泳比其他运动项目热量消耗大得多，人在水中游 1500 米消耗热量 500 千卡（2090 千焦），而跑 5000 米只消耗热量 385 千卡（1610 千焦），骑车 10000 米只消耗热量 368 千卡（1540 千焦）。

（3）水的密度和传热性都比空气大得多，在 12℃的水中停留 4 分钟所散发的热量，相当于在同样温度的空气中停留 60 分钟所散发的热量。

（4）如果以走路的速度在水中游进，那么每游进 1 米所消耗的能量要比在陆地上走路大 9 倍。

全民阅读
体育知识读本
QUANMIN YUEDU TIYU ZHISHI DUBEN

（5）水的体积几乎是不可压缩的，即使增加 500 个大气压力，水的体积也才缩小 4700 万分之一。当一个 60 千克的人躺在水面时，水不但不会被压缩，反而会给人反向的压力，这就是浮力。

水的浮力

人在水中即使受到向上的浮力，也不一定能漂浮起来，这就涉及到相对密度这个物理概念。相对密度是单位体积物质的质量，它的单位是克/立方厘米。蒸馏水在 4 摄氏度时 1 立方厘米的重量是 1 克。因此，一个物质的相对密度大于 1，就会沉入水中；小于 1 就会漂浮起来；等于 1 就会在水中保持平衡。

那么人在水中有多重呢？一个身高 168 厘米，体重 61 千克的女子，她在水中的体重只有 2.19 千克。一个身高 179 厘米，体重 75 千克的男子，他在水中的体重只有 4 千克。因而在水中托起一个 75 千克的人体是不难的。

人体的相对密度在 0.96~1.05 之间，它的变化受到一些因素的影响，例如：女子比男子的脂肪比例大，胖子比瘦子的脂肪比例大，因而相对密度相对要小一些；肌肉的比例也会影响相对密度的大小，一般来说，人在 8 岁时肌肉的比例为体重的 27%，12 岁时为 29.4%，15 岁时为 32.6%，19 岁时为 44.2%，由于肌肉比重大，所以年龄越小肌肉越少，比重相对要小些，这就是为什么女子比男子、胖子比瘦子、少儿比成人在水中容易漂浮起来的原因。

肺中空气的多少也会改变人体相对密度的大小。例如，充分吸气后人体相对密度可降至 0.96~0.99，呼气后人体的相对密度可升至 1.02~1.05。

人体在水中要受到浮力的作用，而人体各部位浮力的合力点称为浮心。人体在水中还要受到地心引力，也就是重力的作用，而人体各部位

72　PART 6　技术战术

重力的合力点叫重心。根据人体的解剖结构，人体的重心在人体中央矢状面第三骶椎上缘，浮心在重心上方1～3厘米的地方。

当身体平卧水面，两臂靠体侧时，头和胸腔比重小，腿的比重大，重心和浮心不在一条垂线上，头要上浮，腿要下沉，产生力偶，向下旋转直至重心、浮心在一条垂线上。人体的平衡属不随意平衡中的不稳定平衡，即原有平衡被破坏后可通过姿势调整，使重心和浮心位置处在一条垂线上。如两臂头上举，重心上移与浮心重叠而达到新的平衡条件，人就可以自如地平躺在水中了。每个人的情况不同，有的人两手放在胸前，即可平躺。有的人两手交叉放在头后，即可平躺。

也就是说，能否在水面上平躺要有两个基本条件：一是要看人体比重是否小于水的比重；二是要看人体在水中浮心与重心的位置。这两个基本条件均属人体的内在结构问题，要想改变是困难的，因为它受遗传因素的影响，是先天的。

要调整浮心和重心的位置，就要靠肢体的姿势变化。如两臂放在体侧，重心浮心的位置变化不大，如两臂侧平举，重心浮心就会靠近，如果两臂头上举，重心浮心就会重叠在一条垂线上，从而使身体平卧在水面保持平衡状态。

水的双重作用

在游泳时，水有双重作用，既能阻止游泳者前进，也能推动游泳者前进。任何一种物体在流体中运动时，都要受到一个与物体运动方向相反的力，这个力就是阻力。同一物体以同一速度分别在水中和空气中运动时，水比空气的阻力要大800多倍：一个物体在水中运动时，所受阻力的大小与这个物体的运动速度、物体的投影截面、物体的外部形状有关。

聪明的人类就是根据自身的条件，巧妙地利用了阻力，使得我们不但能够学会游泳，而且能游得快、游得轻松。

游泳时要学会利用水的阻力，也要学会减少水的阻力。总的原则是：有效动作（使人体能前进的动作，如划水、打腿动作）要充分利用阻力，无效动作（影响人体前进的动作，如移臂入水、滑行等）要充分减小阻力。

人在游泳时，究竟要受到水的哪些阻力呢？水的阻力有3种：一是迎面阻力；二是摩擦阻力；三是身体前后的旋涡阻力。

根据资料表明，迎面阻力占总阻力的65%～75%，摩擦阻力占15%～20%，旋涡阻力占10%～15%。

迎面阻力是游泳时所受到的主要阻力。阻力的变化是与人的投影截面和流线型的好坏成正比的，与运动速度的平方成正比。游泳时，人体要保持良好的流线型，尽量减小身体的投影截面。

游泳时手臂向后的划水动作，两腿上下打水和向后蹬夹动作也会遇到水的阻力。我们用牛顿的作用力和反作用力的定律来解释划水动作，就可以发现阻力的反作用力也就是使运动员前进的推进力。要取得强大的推进力就要求我们划水、蹬夹水的手腿动作速度要快，投影截面也要尽量加大。

游泳技术训练

游泳练习者的专项身体素质训练是指在训练中采用与专项有紧密联系的专门性身体练习手段，目的在于提高与游泳专项运动成绩有直接关系的专项运动素质。游泳的专项身体训练主要有专项力量训练和柔韧性训练。

力量是游泳快速的关键

力量素质尤其是专项力量素质的好坏，对运动员的游泳成绩有很大影响。由于游泳运动是在水中靠四肢肌肉的作用产生推动力，所以对运动员的肌肉力量要求较高，要求游泳练习者要具有良好的力量耐力、快速力量和最大力量。

1. 发展力量耐力的方法

力量耐力是指运动员在游进过程中肌肉克服疲劳的能力。由于游泳项目的特殊性，对运动员的肌肉耐力要求较高，要求运动员要具备良好的有氧、无氧耐力，从肌肉力量上讲要求运动员有良好的力量耐力。

发展力量耐力的主要方法是采用多次重复非最大重量的练习。一般来讲可以采用最大重量的40%~60%的负荷重复30~90秒，间歇时间2~4分钟，做3~4组，要快速完成。也可以采用最大重量的25%~40%的负荷，重复次数尽可能要多，每次练习4~6组，间歇时间4~5分钟。

可采用以下几种练习方式：

（1）滑轮拉力练习。采用中等负荷（最大负荷的40%~60%），快速完成30~90秒，休息4分钟，做4~6组。可以单臂或双臂同时模仿爬泳、蝶泳划臂动作。

这个练习主要是发展胸大肌、肱三头肌、三角肌的肌肉耐力，也可采用橡皮拉力、等动拉力来完成。

（2）杠铃负重下蹲。采用负荷为最大重量的40%，练习次数为30~60次，每组之后休息5分钟，练习3~6组。这个练习主要是发展股四头肌、胫前肌的力量耐力。

（3）"循环训练"练习对增强肌肉力量耐力也是一种较好的练习方法。方法是先建立几个练习"站"，每个"站"安排一种力量练习，将各"站"的练习按顺序组合起来，就形成了循环练习。

循环训练的好处是可以根据需要安排不同肌肉部分的练习，发展练习者不同的运动能力（包括力量耐力和速度力量）。循环训练也可以用来发展综合性一般耐力。

循环训练有连续循环训练和间歇循环训练两种形式：连续循环训练是按长时间的不间断的中等和大强度的制式来安排的。组成循环的练习是根据循环训练的一般特点，即按照所要发展的主要肌群来挑选的。练习完成是系列性的、重复性的、无间歇的。

间歇循环训练在游泳训练中常用来发展力量耐力，其特点是采用较大强度和较短的时间的练习，要求在完成时要保持较高的动作速度。

2. 发展爆发力的方法

爆发力是指在最短的时间内发挥肌肉力量的能力，爆发力可以采用最大力量和达到最大力量所需要的时间之比来评定。因此，肌肉的收缩速度是爆发力的决定因素。发展最大力量也对爆发力有帮助，发展爆发力可以用以下的形式来进行：

（1）采用最大负荷的 70% ~ 85% 完成 4 ~ 6 组，每组 3 ~ 6 次，每组之间要充分休息，完成时保证快速。

（2）采用最大负荷的 30% ~ 60%，完成 4 ~ 6 组，每组 5 次，每组之间要充分休息，快速完成。

爆发力的好坏对运动员的出发、转身技术有很大影响，尤其是对于短距离运动员，爆发力尤为重要。同时，爆发力的好坏对运动员的冲刺也有很大影响。以上练习可以用卧推、滑轮拉力、等动拉力等方式进行。

例如滑轮拉力练习，采用最大负重的 50%，蝶泳划臂动作快速完成 5 次，重复 5 组，要求以爆发式的动作完成。此外，也可以采用发展最大力量的方法来发展爆发力。

3. 发展最大力量的方法

发展最大力量的练习方法通常采用大的、接近最大的和最大的负荷。这种方法保证了神经肌肉用力的高度集中，使绝对肌肉得到发展，但却不增加肌肉的体积，从而使相对力量得到明显提高。

发展游泳运动员的最大力量要同专项特点紧密结合，练习时的用力方式同游泳中的用力方式越接近越好。可以使用杠铃、滑轮拉力、橡皮拉力、等动拉力等练习器械。练习使用的负荷量应是本人最大力量的90% ~ 100%，重复次数 1 ~ 3 次，每组练习之间要充分休息，练习组数可根据实际情况而定。

（1）卧推杠铃：在卧推架上进行练习。采用最大重量的95%，连续推 2 ~ 3 次，重复 3 组，每组后休息 5 分钟：这种练习主要是发展胸大肌、肱三头肌和伸小臂肌肉的最大力量。

（2）滑轮拉力：俯卧在凳上进行单臂或双臂的练习。采用100%的重量，连续拉 3 ~ 5 次，进行 3 ~ 5 组，每组练习后休息 5 分钟。这种练习主要是发展背阔肌、菱形肌、肱三头肌和伸小臂肌最大力量。

（3）等动拉力：仰卧在等动器凳上，等动拉力固定于头上方，两臂上举，两手握住拉力握手。采用最大阻抗，做仰泳抱水动作，连续 3 ~ 5 次，重复进行 3 ~ 5 组，每组练习之后休息 5 分钟。这一练习主要发展肱三头肌、肱二头肌、三角肌的最大力量。

在训练中，现在较多的是采用大重量力量拉力练习，以此来提高神经系统的兴奋性，加强运动员短时间动用肌纤维的能力，对提高运动员的速度和爆发力有较大帮助。

4. 力量训练时应注意的问题

（1）专项力量训练的手段和专项动作应力求一致。在练习时用力动作尽量同专项动作保持一致性，才能达到最佳的效果。因此，要正确选择训练手段。不符合专项特点的练习在训练中应谨慎对待。

（2）力量练习，尤其是最大力量练习应在体力较好的情况下进行，每组力量练习之后应有充分的休息，使肌肉的疲劳得到较彻底的恢复，再开始下一组练习。

（3）肌肉力量练习必须与肌肉的伸展练习相结合。肌肉在力量练习之后，肌纤维会缩短，这对游泳运动员是很不利的，因此要加强力量练习后的伸展练习。肌肉拉长后，有利于游泳动作的连贯性和加大动作的幅度。

（4）力量训练后，要特别注意使肌肉放松，并注意培养运动员肌肉放松的能力。肌肉放松有助于提高神经调节功能，有利于速度力量的发展。

（5）力量训练要保持经常，做到循序渐进。有人做过实验，训练20周，每天训练，力量增长100%，以后完全不训练，这样在40周以后训练所获得的效果则完全消失了。另一实验是训练45周，每周只进行一次力量训练，力量增长了70%，可是训练停止以后70周，已获得的力量效果尚未完全消失。

柔韧是轻松游泳的前提

柔韧素质是指人的各个关节活动幅度，肌肉和韧带的伸展能力。柔韧性好能使运动员在游泳比赛中动作幅度大、自然、经济省力，同时还能加长有效动作的路线，增大有效动作中手掌和脚掌的触水面。游泳技术对柔韧性有较高的要求，尤其表现在肩关节、踝关节、髋关节和脊柱的柔韧性。

柔韧素质优劣主要取决于跨过关节的肌肉、韧带、肌腱的伸展范围和弹性；取决于肌肉活动中的收缩与放松的协调能力。

柔韧素质的训练方法主要有两种：主动性练习和被动性练习。主动性练习是通过与某关节有关联的肌肉的收缩来增加关节灵活性的方法。

被动性练习是依靠外力的作用促使关节灵活性增大的方法，主要是采取加大动作幅度，拉长肌肉和韧带。

游泳运动员所需要的肩和踝关节的柔韧性超过其他项目。例如，自由泳、蝶泳和仰泳的移臂动作就特别需要宿关节的柔韧性。

肩关节的柔韧性可以用强力的伸展练习来提高，这些练习可以通过同伴或某种抗力，使肌肉逐步伸展。

踝关节的柔韧性好，能使运动员的足部较好地对水面打腿，使它更好地向后推水，从而使打腿动作更为有效。要提高这种柔韧性，小腿前部的肌肉（足踝和足趾屈肌）必须伸展。

不过，蛙泳运动员所需要的踝关节的柔韧性正好相反，它需要的是使踝和足趾向胫骨屈。这种柔韧性能使蛙泳运动员的脚部处在较好的位置来蹬水，使它更早地向后推水，从而更有效地蹬水前进。要达到这种良好的柔韧性，就要练习伸展小腿后部的肌肉群（比目鱼肌和腓肠肌）。

发展踝关节的柔韧性，主要是通过压踝、加重力的屈伸踝关节练习和提踝屈膝等练习。对于游泳运动员来说，通过以上练习来发展腹背、身体两侧肌肉力量的伸展柔韧性也是十分必要的。

优秀游泳运动员的训练经验以及进行的专门研究表明，在力量训练的同时，结合进行发展关节灵活性的练习，练习效果最佳。如此安排训练，可使力量练习动作和发展关节灵活性的练习动作都保持较大的动作幅度。将这两类练习结合训练，可使关节灵活性水平产生跳跃式的变化，对发展力量素质也显得尤为重要。因为单纯地进行力量训练，动作幅度会逐渐下降，从而使训练效果大大下降。

经验证明，提高游泳运动所必需的关节灵活性每天需进行 30～60 分钟这类性质的练习；要保持已达到的关节灵活性水平，应每周进行 3～4 次练习，每次练习 20～40 分钟。

1. 提高肩关节柔韧性的方法

（1）两臂在头两侧上举，两手指交叉并拢，掌心向上，两肩垂直向上伸展。

（2）两臂于头上，一手抓住另一臂肘部。侧屈髋的同时在头后牵拉肘部。两侧交替进行。

（3）两手手指于体后交叉并拢，伸臂的同时两肘缓慢地向内旋转。

（4）两手握住毛巾（或绳子）两端，两手间距应适宜，以便能直臂由体前经头顶向后绕环，切忌用力过猛。

（5）背向肋木，左手放置体后，与肩同高处握横木，右转头。通过增大转头幅度，加大臂、肩的伸展幅度。两侧交替进行。

（6）弯腰，两手握住与肩同高的肋木，双手间距与肩同宽，两臂伸直，两腿微屈，做下压动作。

（7）两手支撑在垫上，指尖向后对膝，慢慢后倾，牵拉臂和手腕。注意全手掌应支撑垫上，不应用力过猛。

（8）跪姿，臂前伸于垫上，然后向后牵手臂，应有肩、臂、体侧、背部上下方肌群被拉长的感觉，注意不能用力过猛。

2. 提高踝关节、髋关节柔韧性的方法

（1）脚趾向后，两脚并拢，跪坐于脚跟上。如踝关节过硬，两手可在腿外侧扶地协助练习。跪坐压踝时间应长一些。

（2）俯卧垫上，屈小腿，脚背向下，脚底向上，在同伴的帮助下，按压脚底，做下压外翻踝关节的动作。

（3）按顺时针、逆时针方向大幅度转动踝关节，每个方向转动 10 ~ 20 次。

（4）坐姿，屈左腿，左脚跟置于左髋外侧。右腿伸直，尽量不让左脚外移。上体慢慢后倾，牵拉四头肌，持续数秒钟。

（5）右腿伸直，左脚底靠近右腿内侧。上身慢慢前压，持续数秒钟。

（6）坐姿，两腿自然分开，脚趾向上，直体慢慢前屈，持续数秒钟。前屈时，背部应挺直，切忌用力过猛。

（7）屈腿坐姿，两腿交叉并拢，双手扶膝关节向下按压，持续数秒。

3. 提高脊柱柔韧性的方法

（1）仰卧垫上，两臂上举，收腹举腿，手触脚，身体尽量叠紧。

（2）俯卧垫上，臂腿伸直用力，尽量向上抬高，还原时手脚不着垫。

（3）仰卧垫上，臂腿弯屈，手掌和脚掌着垫，腰腹向上挺起成桥形，持续数秒钟。

（4）俯卧垫上，两手握脚踝，挺腹拉起成弓形，持续数秒钟。

（5）俯卧垫上，两臂后伸，同伴握其两手，将上体拉起，持续数秒钟。

（6）俯卧垫上，同伴压着肩部，两腿同时向上抬起持续数秒钟。

几种常用的游泳姿式

爬泳（自由泳）

《国际铁人三项联盟竞赛规则（2013版）》规定，运动员可以在游泳赛段的比赛中使用任意泳姿。爬泳是最常用的泳姿之一。

爬泳的名称来自它的动作外观特征。游爬泳时，身体俯卧水面，两腿上下交替打水，两臂轮流向后划水，动作像爬行。所以人们称它为爬泳。

在竞技游泳比赛中，设有自由泳、仰泳、蛙泳、蝶泳比赛项目。游泳竞赛规则规定，自由泳项目比赛中，运动员可采用任何姿势。由于在所有的游泳姿势中，爬泳的速度最快，所以在自由泳项目比赛中，运动员都采用爬泳参赛，久而久之，人们就习惯把爬泳称为自由泳。

人们在游爬泳时，身体俯卧水面，几乎与水面平行，在各种竞技游泳姿势中，爬泳的流线型保持得最好，受到水的阻力亦最小。爬泳是侧向转头吸气，减少了呼吸时的身体起伏，也减少了前进阻力。爬泳时两臂轮流向后划水，经空中向前移臂，既加长手臂的划水路线，产生更大的推进力，又避免了臂前移的阻力。

两臂轮流向后划，能连续不断地产生推进力，使游速均匀。爬泳两腿动作是上下交替打水，除能产生推进力外，还可以调整两臂发挥更有力的划水作用。因此，与其他游泳姿势相比，爬泳速度是最快的。

身体姿势

爬泳时，身体俯卧于水中，尽可能保持水平姿势，略抬头，水面齐

爬泳

发迹。头的位置是非常重要的。头的位置较高，容易使躯干和腿下沉，从而造成迎面阻力的增大。现代的爬泳运动员不再使水平面与前额中部齐平，而是使水面与头顶齐平。较低的头部位置使髋关节升高，整个身体与水面平行，使平缓而细致的水充在身体下方和周围自由地通过。

肩的姿势对流线型也起着很大的作用。双肩略向上送可以使胸部和腹部较平，形成平滑的流线型表面，使水流顺利通过。略耸的肩部还加

大肩关节周围的肌肉的活动幅度，使臂部的收缩肌群处于更有利的力学位置，使划水更有力。

但是不能过分强调耸肩动作，否则会造成划水力量减小以及腰部和髋部降低，从而破坏流线型。

打腿技术动作

爬泳腿的动作，主要是维持身体平衡，并能产生一定的推进力。特别是在短距离游进中，与手臂划水动作配合，可加快速度，有如虎添翼之功。

打腿时，两腿自然伸直，两脚稍向内转，以髋关节为轴，用力顺序由大腿发力，到膝关节、踝关节，最后到脚面，做上下鞭状打水。两脚打水幅度约30～40厘米。下打时，脚背绷直向后下方打水；上抬时，脚背自然伸直。

爬泳腿部动作有一段口诀，是这样说的：大腿发力髋为轴，两腿交替鞭打水，脚尖向内踝放松，打水要浅频率要快。

腿部动作练习方法如下：

（1）陆上模仿：坐在池边，两手后撑，两腿伸直并拢内旋，左右脚大拇指摆动，两脚上下交替打水。

（2）扶池边打水：一手扶池边，另一手支撑池壁，身体成俯卧姿势，两腿伸直打水，练习时髋关节展开，两腿内旋，大腿带动小腿，踝关节放松。

（3）滑行打水：利用蹬壁滑行，两臂伸直并拢，头夹于两臂之间俯卧水中打水。

（4）扶板打水：手臂伸直，双手扶板，身体俯卧水中，头露出水面，目视前方，做打水练习。

手臂划水技术

手臂划水是推动身体在水中前进的主要动力，手臂划水的一个动作周期分为入水、抱水、划推水、出水及空中移臂等部分，其划水路线是沿身体中线逐渐屈臂划至大腿。

爬泳手臂动作要领是：两臂交替在同侧肩前前伸入水，入水后手向后下方屈臂、高肘抱水并在身体下方向后做"S"形加速划水，划至大腿旁出水，经空中放松前移再入水。当一臂入水时，另一臂正在水下划水。

和腿部动作一样，爬泳手臂动作也有一句口诀：两臂轮流来划水，肩前拇指先入水。前伸下划抱住水，屈臂高肘体下划。大腿旁边提出水，放松前移再入水。

手臂划水技术的练习方法如下：

（1）陆上模仿：两脚开立，上体前倾，两臂伸直前平举，按入水、抱水、划推水、出水、空中移臂的顺序做单臂划水动作。然后，再做双臂交替划水动作：右臂抱水——左臂出水；右臂划推水——左臂空中移臂。

（2）水中站立划水：站立在浅水中，上体前倾入水，做双臂交替划水动作。

（3）水中走动划水：站立浅水中，身体前倾入水，边走边做双臂交替划水动作，体会手臂划水节奏。

（4）蹬边滑行后打腿：单臂做几次手臂动作，要求闭气进行练习，另一臂始终在头前伸直，身体随手臂划水动作而向同侧转动。两臂交换练习。

（5）蹬边滑行后打腿：闭气连续做两臂的分解配合动作练习，即一臂完成一次完整的手臂动作后（包括划水、移臂和入水），另一臂再做，如此反复。

（6）蹬边滑行后打腿：闭气做两臂的完整配合动作（采用前交叉或中交叉均可）。

手臂动作与呼吸的配合

游爬泳时，呼吸动作要有节奏地进行，一般是两臂各划一次做一次呼吸。以配合右臂动作为例，当右臂划水至肩下方时，用嘴鼻呼气，在加快呼气的同时向右侧转头。当右臂划推水结束出水瞬间，将气呼尽，待嘴侧向露出水面时，张嘴吸气，吸气在空中移臂至肩前结束，然后闭气，头转回。闭气至右臂划水于肩下方时，又开始呼气、吸气、闭气的反复循环。

手臂动作与呼吸的配合练习方法如下：

（1）陆上两脚左右开立，上体前倾，两手扶膝，做向侧转头吸气练习。

（2）陆上两脚左右开立，上体前倾，做手臂与呼吸的配合练习。

（3）水中呼吸：站立在浅水中，身体前倾入水。两手扶膝，做一侧转头呼吸动作。在侧向时，张嘴

手臂动作与呼吸配合

吸气，头转回过程中闭气，头转正面向下时呼气。

（4）呼吸和臂划水配合：站立在浅水中，身体前倾入水，单侧臂开始划水时呼气，划推水结束出水时迅速呼气尽，同时转头吸气，吸气后头迅速转回，空中移臂完成，手入水时闭气。

（5）呼吸和腿打水配合：一手扶打水板的后端部，四指放在板面上，拇指从板下面握住打水板。另一臂放在体侧，身体俯卧在水中，两腿与水面平行，眼正视前方，边打水边侧向转头用嘴吸气。

完整配合技术

完整配合技术协调自如，节奏性强，能充分发挥打水与划水的实效作用，这样才能游得快。配合技术有多种形式，最为普遍的"6:2:1"配合，即6次打水，2次划水，1次呼吸。

爬泳完整配合动作要领是：身体平直地俯卧水面，两臂交替向后划水时两腿不停顿地上下交替打水，向侧转头吸气。有6次、4次、2次及不规则打腿配合之分。6次打腿配合技术是两腿各打3次，两臂各划1次，呼吸1次，即"6:2:1"的配合。

游泳要多练习，不练习的话，有再多理论知识也只是纸上谈兵。爬泳有几种练习方法，分别如下：

（1）单臂划水完整配合：蹬壁滑行后双腿轻度打水，一臂前伸保持身体俯卧和维持平衡，另一臂做划推水时呼气，出水时同侧转头吸气，入水时闭气头转正的循环动作。

（2）双臂划水完整配合：滑行打水，一臂做划水，另一臂做移臂及向左或向右转头吸气和头转正的完整连贯动作。

仰泳

仰泳是人体仰卧在水中游进的一种姿势。仰泳呼吸容易掌握，动作简单易学，在民间一直是较受欢迎的泳姿，尤其被年老体弱或浮力较好的妇女儿童所喜欢。但由于仰泳划水在身体两侧进行，肌肉难以充分伸展，不能像爬泳和蝶泳那样充分发挥上肢的力量，因而速度受到一定的影响。然而，仰泳的优势在于动作省力，速度均匀，因而速度虽慢于爬泳，但接近蝶泳，快于蛙泳。

仰泳时，两臂轮流在体侧向后划水，两腿交替上下打水，多采用打水6次，划臂2次，呼吸1次的配合技术。

身体姿势

游仰泳时，身体较平直地仰卧水中，头和肩略高于臀，身体纵轴与水平面构成一个不大的仰角。

游仰泳时，头起着舵的作用，因而要保持稳定，并要自然地平枕在水中，双耳位于水面下，整个脸露出水面，眼睛直视上方。

游仰泳时，上体随划水和移臂而向两侧转动，这种转动有利于加强划水力量和移臂动作，上体向每侧转动的幅度约为40度（两肩的连线与水面的角度），但头应尽量保持稳定。

腿部动作

仰泳打腿的作用主要是保持身体平衡，并可产生一定的推进力。仰泳的腿脚打水技术动作与自由泳完全相似。腿脚做上下鞭状踢水动作，使身体保持平衡和处于较高水平姿势，为学习手臂动作和完整配合技术动作打好基础。

这里需要注意一下仰泳的打腿动作要领：两腿自然伸直，两脚呈内八字形，脚背绷直，以髋关节为轴，大腿带动小腿，做屈腿上踢和直腿下压的鞭状打水动作。

想要正确地把握打腿动作，还需要精心练习。练习方法主要有以下几种：

（1）陆上模仿：坐在游泳池或有保护措施的湖边，两手后撑，腿脚在水中按打水的技术动作做交替的鞭状打水。

（2）仰卧蹬壁漂浮打水：手抓水槽，两脚在水下紧贴池壁，轻轻放手，上体后仰，脚蹬离池壁，两臂放在体侧，两手在体侧拨水，背部略成反弓，仰卧水面。

（3）胸前扶板打水：将打水板扶在胸前，后脑浸入水中，两耳位于水面下，眼视后上方，腰部浮起，仰卧在水中，两腿交替打水。

（4）单臂前伸打水：仰卧蹬离池壁，一臂前伸，小指向下，肘伸直；另一臂放在体侧，头部保持稳定，两腿交替打水。

（5）双臂前伸打水：两臂在头上方伸直，将两手重叠，用上面那只手的拇指紧扣住下面的手，头夹在两臂之间，两臂在两耳的后面，两腿交替打水。

手臂划水技术

仰泳手臂划水是产生推动力的主要动力。同爬泳一样，手臂划水的一个动作周期，可分为入水、抱水、划推水、出水及空中移臂等部分。仰泳水下划水路线近似"S"形。

划水时，两臂交替在肩前直臂入水，向前、下、外屈腕抓水，并屈臂在体侧向后做"S"形划水至大腿旁，然后转腕鞭状下压，接着提肩直臂出水，在肩的上方沿垂面直臂前移再入水。当一臂入水时，另一臂划水结束。

仰泳手臂划水动作有以下几种练习方法，在练习时需要注意安全：

（1）陆上模仿：原地站立，手臂伸直，掌心朝向大腿。直臂向上移动，肘关节伸直，臂内旋使掌心向下。手臂旋转上移，当臂移至头部正上方时，掌心向外，然后屈肘屈臂，由上向下地向大腿一侧处划动。

（2）单臂划水：一臂前伸成仰卧打水姿势，另一臂放在体侧。用前伸的手臂按 1—2—3 划水，提肩出水；4—5—6 移臂入水的节奏，练习单臂划水动作。

（3）双臂分解划水：右臂前伸仰卧打水姿势，左臂放在体侧。双臂按右臂划水至体侧，左臂空中移臂入水前伸的节奏，练习双臂分解划水动作。

（4）双臂配合划水：双臂前伸成仰卧打水姿势，按先右臂划水，提肩出水；后左臂开始下滑划水的两臂配合动作节奏，练习双臂配合划水动作。

完整配合技术

仰泳的完整配合技术是由腿打 6 次水，臂划 2 次水，呼吸 1 次构成的，即"6：2：1"的完整配合技术。练习时，面对池壁，双手抓水槽，蹬离池壁后，两臂前伸成仰卧姿势向前滑行。当滑行速度减慢的同时，两腿做上踢下压的交替打水动作。右臂开始划水，提肩出水，移臂时吸气，然后稍闭气，紧接左臂开始划水时呼气，游 15 米左右。

当基本掌握仰泳完整配合技术后，加长游泳距离，在长游中体会配合动作。游进中，注意腿、臂协调配合和节奏。

蛙泳

蛙泳是模仿青蛙游泳动作的一种游泳姿势，因动作像青蛙游泳而得名。游蛙泳时，人体俯卧水中，两臂在胸前对称向两侧做弧形外划、内划、前伸动作，两腿同时向侧后方蹬夹水，头向前抬

仰泳动作配合

起吸气。1 次划臂配合 1 次呼吸和 1 次蹬腿，构成一个动作周期。

由于蛙泳的呼吸是向正前面呼吸，呼吸动作方式比较简单、易学，初学者基本掌握了臂、腿动作和呼吸配合后，很快就能长游。蛙泳动作与踩水动作相似，学会了蛙泳很容易掌握踩水，学会了踩水，安全就更有了保障。所以，很多初学者往往将蛙泳列为首学泳姿。

蛙泳动作内部循环节奏有明显的间歇，每个动作周期结束后都有一定的滑行放松阶段，所以，游时比较省力，能坚持较长的游泳时间和距离，是中老年人进行游泳健身时喜爱的姿势，也是长距离比赛，如铁人三项游泳赛段的比赛常用姿势。

身体姿势

游蛙泳时，身体俯卧于水中，身体随着手臂和呼吸动作而略有起伏。在完成一次划手一次蹬腿的动作后，有一个短暂的相对稳定的滑行阶段，此时两臂和两腿伸直并拢，头略微抬起。水平面齐发际，身体纵轴与水平面形成一个约5度到10度的角。

开始划手时肩部随划手的进行而逐渐升高，当肩和头部升至最高点并吸气时，身体纵轴与水平面的夹角增至最大，约为15度。

蹬水技术

在蛙泳技术中，蹬水动作是基础，它是推进人体前进的主要动力之一，并使身体上浮和滑行。初步掌握蛙泳的腿蹬水动作，意味着已学会一半蛙泳。腿蹬水的一个动作周期分为收腿、翻腿、蹬水和滑行4个部分，是紧密相连的完整动作。

两腿从并拢伸直开始，大腿带动小腿向前收，边收边分，当大腿收到与躯干成120度到140度角时，两膝与肩同宽，两脚紧靠臀部，小腿几乎与水平面垂直，脚底朝上，接着两脚勾脚外翻，使脚的两侧和小腿内侧对准后方。

紧接着大腿发力，小腿和脚向后做弧形蹬夹水，蹬夹动作同时结束，两脚并拢伸直成流线型向前滑行。动作节奏是慢收快蹬夹。

练习蹬水技术的方法有以下几种：

（1）陆上模仿：坐在池边，两手后撑，开始时两腿并拢伸直，两脚靠拢，脚背绷直，收腿屈膝，大腿上抬，两腿收向躯干方向，两膝分开与肩同宽；两脚外翻，脚的内侧对准蹬水的方向，用外翻的两脚边蹬边夹水。

（2）俯卧凳上模仿：俯卧凳上做收腿、外翻、蹬夹、并拢的动作。在同伴辅助下，体会翻脚和蹬夹的路线及动作节奏。

（3）扶池边蹬腿：双手撑在池壁上，身体平浮水中，两腿放松伸直并拢，做收腿、外翻、蹬夹的动作。

（4）漂浮滑行蹬腿：在水中靠池壁站立，蹬壁滑行后做蹬腿动作，练习时不用换气。

（5）扶板蹬腿：手臂伸直，双手扶板，头露出在水面上，眼视前方，连续蹬腿前进 10 ~ 15 米的距离。

手臂划水技术

现代蛙泳很重视手臂划水作用，合理的划水技术和腿蹬水技术与呼吸的配合，能提高成绩。手臂划水的一个动作周期分为：开始姿势、抓水、划水、收手、前伸等部分。蛙泳的划水路线从水下看，像一个"倒心形"。

蛙泳手臂划水动作的要领为：两臂从并拢前伸开始，两臂内旋，掌心向斜下后方，两手向外划至同肩宽后，边划边屈肘，保持高肘向外、后、下、内、上做加速划水，划至颌下，两手靠拢向前伸，掌心转向下方。

手臂动作与呼吸的配合

蛙泳呼吸采用正面抬头呼吸方法。划水结束收手时抬头吸气，吸气时间较短，臂前伸时低头呼气。蛙泳手臂与呼吸配合时，有两个方案，即早吸气和晚吸气。早吸气：臂抓水时开始抬头准备吸气，外划时口露出水面并张口吸气，内划时闭气，前伸滑行时头还原呼气。

晚吸气：臂外划时呼气，内划时口露出水面并吸气，前伸滑行时闭气。

练习时，站在浅水中，上体前倾入水，两臂前伸，两手拇指并拢，掌心朝向外下方，头夹于两臂之间，头、肩浸入水中。按节奏做划水动作，结束收手时抬头吸气，臂向前伸；低头浸入水中时呼气。

当然，也可以由同伴辅助练习：同伴抱住双腿，练习者成俯卧姿势，两臂前伸，低头浸入水中，做呼吸与臂划水配合动作。

蛙泳动作

完整配合技术

蛙泳完整动作由"1∶1∶1"的技术组成，即1次划水，1次蹬夹水，1次呼吸。注意腿、臂配合时机，在任何情况下都是臂先腿后，腿的蹬夹动作始终落后于手臂的划水动作。

蛙泳臂腿配合动作要领：臂外划时腿不动，内划时收腿，手臂向前将伸直时蹬腿，蹬腿结束后手臂和腿伸直并拢，呈流线型姿势滑行。

蛙泳的完整配合技术练习主要有以下几种方法：

陆上模仿：两脚站立，两臂上举伸直并拢，头位于两臂之间，并按口令做：

（1）两臂向两侧下方划水。

（2）两手和前臂收向胸前，同时单腿站立，另一腿做收腿和翻脚动作。

（3）两臂将伸直时，收起的一腿做向下蹬水动作。

（4）臂、腿伸直稍停，然后逐渐连续做。

抬头蛙泳：拇指相扣，手臂前伸蹬离池壁后，全身伸展滑行，头部露出水面，按先划水1次，后蹬水1次并滑行的抬头蛙泳游10~15米的距离。

完整配合游：在基本掌握蛙泳腿、臂呼吸配合动作基础上，逐渐过渡到1次划水，1次蹬水，1次呼吸，即"1∶1∶1"的蛙泳完整技术配合，并逐渐增长游距，在游泳进行中改进技术。

蝶泳

蝶泳，又称海豚泳，是人们在游泳运动中最常见的泳姿之一，和蛙泳一样，蝶泳也是因其动作外形而得名。

游蝶泳时，身体俯卧水中，屈臂同时向后划水后同时提出水面，经空中向前移臂，同时两腿向后蹬水或同时上下打水。因两臂动作像蝴蝶展翅，因而被人们称为蝶泳。

最初的蝶泳技术是两臂同时向后划水，经空中向前移臂，像蝴蝶飞舞，两腿做蛙泳蹬夹动作，称之为蛙式蝶泳。后来规则允许两腿同时做上下打水动作，于是蝶泳腿的技术便发展为躯干和腿做上下波浪式打水技术，其动作像海豚游泳，故被称为海豚式蝶泳，简称为海豚泳。

由于海豚泳的阻力比蛙式蝶泳小，游进速度明显快于蛙式蝶泳，因而在蝶泳比赛中，运动员都采用海豚泳，蛙式蝶泳逐渐被淘汰。久而久之，人们就把海豚泳和蝶泳等同起来。现代的蝶泳指的就是海豚泳。

在竞技游泳姿势中，蝶泳是最优美的泳式，但它也是最难掌握、最消耗体力的一种泳式。学习者一般在掌握爬泳、仰泳、蛙泳三种泳式的基础上才学习蝶泳技术。在铁人三项赛的游泳段比赛中，很少有运动员会使用这种泳姿。

身体姿势

蝶泳时，身体俯卧在水中，两臂同时向前入水，经抱水、划水至大腿处，然后提肘出水，在空中移动臂后再入水；躯干以腰部发力，带动大腿、小腿及脚进行波浪形的鞭状打水。整个动作从头、颈、躯干到脚部沿着身体纵轴做传动式的起伏，形成波浪式动作。

蝶泳时要求身体姿势应相对稳定，身体应有节奏的起伏给臂和腿部动作提供有利的条件，但不应起伏太大，不然会破坏身体的水平游进和增加水对身体的阻力。

躯干和腿部动作

蝶泳时，虽然身体的游进主要靠臂部动作，但是蝶泳的打水动作在游进中也起着十分重要的作用。它不但可以弥补臂部动作间断时速度下降的不足，而且还能使身体处于平衡，给臂和呼吸动作创造良好的条件。

躯干和腿部动作的开始姿势是：两腿并拢，脚掌稍加内旋，踝关节放松。在做鞭状打水时，以腰发力，带动脊柱、髋、膝、踝各部位相继屈伸，形成波浪式动作。

向下打水时开始屈膝约110度，髋关节几乎伸直，脚上抬到最高点至水面，然后向后下方打水，当小腿继续向下打水，腿部打水的反作用力使臀部升高，大腿和躯干约为160度。脚跟距水面约为50厘米。然后两条腿伸直向上移动，由腰部发力，带动臀部下降，髋关节逐渐展开后，使脚后跟与臀部几乎成水平，经过伸直膝关节，身体也几乎成水平，这时在臀部带动下，大腿

蝶泳

开始下压，膝关节随大腿的下压而逐渐弯曲，随着屈膝程度增加，脚向上抬到最高点接近水面，再准备向下打水。

蝶泳躯干与腿部动作的练习几种常见方法如下：

（1）陆上背靠墙，两脚并拢站立，两臂上举伸直并拢做躯干与腿部动作模仿练习。具体做法为：向前挺腹后稍屈膝，然后臀部后顶碰墙，同时将膝关节伸直。如此反复练习。

（2）垂直海豚式打水：水中站立，两臂上举，脚用力蹬池底，垂直向上跃起时，做海豚式的打水动作。

（3）双臂放在体侧海豚式打水：俯卧蹬壁滑行时，双臂放在体侧，眼视池底。抬头呼吸后，随即收颔低头入水，然后肩、臀、腿和脚依次

从水面潜入水下，在水下连续做 3 ~ 4 次海豚式打水。

（4）双臂前伸海豚式打水：俯卧蹬壁滑行时，两拇指相扣，双臂前伸，头夹于两臂之间，按吸气、下潜、打水的节奏做海豚式打水。

（5）扶板海豚式打水：双臂前伸，双手扶板，两肩放松，做海豚式打水。

手臂动作

蝶泳手臂的划水动作是推动身体前进的主要因素。蝶泳的臂部动作与爬泳类似，所不同的是蝶泳两臂同时划水，而爬泳是轮流划水。蝶泳手臂动作可分为入水、抱水、划水、出水、空中移臂 5 个部分，但各部分动作是连贯不可分割的。

（1）入水。两手的入水点应该在两肩的延长线上，太宽易使划水路线缩短，太窄不利于入水后划水和抱水。入水应该以大拇指领先，手掌斜插入水，然后前臂和上臂依次入水，入水时掌心朝同侧下方。

（2）抱水。臂入水后，手和两臂向外旋转，手臂同时向外、向后运动。当两手向外划至头的侧前方时，通过勾手腕、屈肘完成抱水动作。抱水动作过程就像是用手臂去抱一个大圆球，抱水动作的目的是为划水做准备。

（3）划水。做好抱水的动作之后，手臂立即转入向内划水，划水时继续屈肘，并保持高肘姿势，手的运动方向是向内、向后和向上的。当手臂划至肩的下方时，肘关节弯曲成 90 ~ 100 度角，两手相接近。

然后手臂向后、向外和向上运动，肘关节逐渐伸直。当手划到大腿两侧时，划水动作结束，转入出水。

整个划水过程手的运动路线是双"S"形曲线。肌肉的用力，前半段为拉水，后半段为推水。

（4）出水。在向后推水尚未结束时，肘已经开始向上抬起。手推水结束时，利用推水的惯性，肘和肩带动手臂提拉出水。

（5）空中移臂。出水后，在肩的带动下臂迅速从空中前移至头前，为入水做好准备。蝶泳移臂一般采用直臂移臂或肘关节微屈、高肘的移臂方式。在移臂过程中，前臂和手腕放松。

手臂动作与呼吸的配合

蝶泳的呼吸，一般采用臂划 1 次，呼吸 1 次的方式。当两臂抱水结束并开始划水时，开始呼气。随着两臂划水动作的进行，头和肩部的位置逐渐升高，呼气也由慢到快地进行并逐渐抬头。当两手划水至腹部下方时，嘴露出水面并张口吸气。推水结束时，吸气结束。向前移臂时低头闭气。

蝶泳手臂与呼吸配合动作的练习方法有以下几种：

（1）陆上两脚前后开立，上体前倾，做手臂与呼吸配合动作的模仿练习，重点体会划水路线和转肩移臂技术。

（2）在浅水中做上述的动作，先原地做，然后在走动过程中做。

（3）两脚蹬池底配合两臂向后划水使身体向前跃起，吸气后低头，两臂经空中前移，入水后收腿站立。

完整配合技术

蝶泳臂、腿配合动作应该是节奏明显，打水连贯有力。目前运动员都采用"2∶1"的配合方式，即打腿 2 次，划臂 1 次。

臂腿配合的方法是：两臂入水时腿做第一次向下打水。当两臂划至胸腹下方时，腿开始做第二次向下打水，臂推水结束，打水结束。移臂时，腿又向上准备做下一周期的打水动作。

蝶泳完整配合练习方法有以下几种：

（1）陆上单脚支撑站立，另一腿向后伸直，身体前倾，两臂与单腿做臂腿配合动作模仿练习。

（2）在上述方法的基础上加上呼吸进行练习。

（3）在水中腿做 2 次打水、1 次划臂的分解练习，即先打 2 次腿，然后做 1 次手臂配合的动作练习，基本掌握后，在划水时加上呼吸。

（4）闭气游，体会臂腿的正确配合时机，即在上述第三种方法的基础上，手臂入水时腿做第二次打水，手臂推水时腿做第一次打水。

（5）单臂划水蝶泳练习。一臂前伸，一臂做蝶泳划水动作，体会臂入水时腿打第一次水，推水时打第二次水，侧向吸气。两臂可以交换进行练习。

（6）在水中做完整配合动作，可以先做短距离的练习，然后逐渐加长游距。

自行车技术战术

骑行姿势

骑行姿势在相当大的程度上取决于车辆的尺寸、车座和车把的位置，应按需要来调整车把和车座，使车辆与身材适合。无论在何种情况下，都不可因车子各部分尺寸不合适，而勉强改变骑行姿势。

正确的骑行姿势

运动员的骑行姿势是因人而异的，它需要根据运动员身材的大小和身体各部分的结构来决定。一般骑行姿势应为上体前倾，腰部稍屈曲，头部不过分伸出，两臂屈曲，肘关节稍向两边分开，两腿的膝关节保持稍屈的姿势。

正确的骑行姿势不会使运动员感到紧张或不便，并能更好地踏蹬和更轻松地操纵车子，以推迟疲劳的产生。骑行姿势较低和车把不宽于两肩，可以减少空气的阻力；腰部屈曲可以使运动员更好地坐在车座上，不至于把大部分体重移到车把上，更加轻松地骑行；头部稍微倾斜，保持胸廓不受挤压，可以正常地呼吸；头部稍微前伸，颈部肌肉的疲劳程度就可以减少；两臂肘关节稍微屈曲，冲击力不易传到整个身体上。

不同的骑行姿势

自行车虽有各种各样的骑行姿势，但在原则上只有两种不同的骑行姿势。

（1）"中心式"姿势：双脚"在臀部下方"踏蹬，是车座的前端（金属物的前端）位于中轴的上方，或偏后于中轴垂线不超过2厘米。

（2）双脚"在臀部前方"踏蹬，是车座偏后于垂线超过2厘米。

经验告诉我们，最正确的骑行姿势取决于运动员身体的高矮和他的比赛专项。为了更好地明确每位运动员应该怎样选择最合适的骑行姿势，我们可以举例来说明一下。譬如，运动员参加铁人三项赛，其身长是170厘米。他的身材是不匀称的，腿比上体长，同时大腿比小腿短。根据这样的身材，把车座安置在中轴垂线的上方，并将车把放得很低。这样，就形成了双脚"在臀部下方踏蹬"，下俯而紧凑的骑行姿势。

另一名运动员，身长是183厘米。他的身材也是不匀称的，腿长上体短。为了减少空气的阻力，应把车座向后移置，不使上体向上延伸，这样对踏蹬动作也很方便。由于运动员的上体很短，迫使他将车把稍稍向上抬起并将伸距缩短。结果，形成了一种非常明显的双脚"在臀部前方踏蹬"的骑行姿势。

双脚"在臀部前方"的骑行姿势具有很多优点。首先，运动员在骑行时以两块坐骨支在车座上，身体的姿势就可以自然得多，这种情况也为踏蹬动作创造了比较有利的条件，能使大腿和小腿的肌肉获得更高的活动效果。运动员在这种姿势时，还可以减少肩部的过度紧张，能更好地放松上体的肌肉，更容易保持行驶的直线性，驾驶得更加轻便。

其次，双脚"在臀部前方"时，运动员能较好地运用力量，在传动比增大的情况下，在逆风行驶、爬越小坡和中等坡道时，在不适应采用"离座立式"的骑行方法，但又必须保持速度等情况时，采用这种姿势，再运用双手拉紧车把的力量，就能够得到极其良好的效果。

经验证明，对参加铁人三项赛（多在公路上举行，亦有越野骑行）的运动员来说，采用双脚"在臀部前方"的骑行姿势较好。

自行车踏蹬动作

踏蹬动作是整个自行车运动技术中最复杂而又困难的动作。应该指出，许多运动员，甚至经验极其丰富的运动员大多还没有掌握完善的踏蹬技术，而往往用增大传动比、多用力气等方法来弥补踏蹬技术的不足。经验证明，只有那些正确掌握了踏蹬技术的运动员，才能比较容易地达到很高的速度。

脚掌在脚蹬上的放置和固定

脚掌在脚蹬上的正确位置应使脚蹬位于脚掌中部和脚趾之间。同时，鞋的前端伸出脚蹬 5~7 厘米不等（按脚的大小）。脚掌应该与脚蹬保持平行。脚蹬杆、脚蹬框或脚蹬轴如果扭曲不正，必须立即校正或换掉，否则，会改变脚掌的位置，使两脚动作困难。

钉在鞋底上的专用鞋掌能帮助双脚稳妥地固定在脚蹬上，不至于在行驶时从脚套中滑脱。钉在鞋底上的鞋掌和束得很紧的皮带，可使运动员更好地完成踏蹬动作，大大加强猛蹬、冲刺和上坡时的两脚动作，更有可能充分地放松肌肉，同时利用皮带将脚掌固定以后，就不需肌肉特别用力地把脚保持在脚蹬上，从而减轻了肌肉的紧张度。

踏蹬动作的种类

在实践中，踏蹬动作基本上可分"万能式"、"脚尖朝下式"、"脚跟下垂式"三种。每一种方式都有其独特的作用和优势。

1. "万能式"踏蹬动作

采取这种方法时，脚的动作如下：当脚蹬在最高点时，脚跟必须下垂 8~10 度，踏蹬力朝向上前方。到水平点时，踏蹬力量大，脚掌处于水平姿势。然后，当脚蹬和脚掌位于水平点和最低点之间时，踏蹬力减小。

随着脚掌的逐渐降下，脚跟就逐渐上提，当脚掌在最低点时，脚跟向上提起 15~20 度。

在"万能式"踏蹬的方法中，脚沿着逐渐改变的方向运动，因此，就有可能使力的作用方向与脚蹬旋转时所形成的圆周切线一致，并逐渐增大其功效。按这种方法踏蹬时，由于脚跟下垂，膝关节和髋关节的屈曲角减小，大腿没有必要抬得很高，因而，在一定的程度上减轻了这些关节的运动。

"万能式"踏蹬的方法，使运动员几乎在脚蹬杆 180 度的动作过程中有可能最充分地连续动用肌肉的力量，并且可以轻松地通过各个"死点"。因为当脚跟下垂成 8~10 度时容易通过最高点；脚尖朝下成 15~20 度时可以比较轻松地通过最低点。这种踏蹬方法，任何专项自行车运动员都可以运用。但是这种方法必须采用双脚"在臀部前方"的骑行姿势才能有效。

2. "脚尖朝下式"踏蹬的动作

运用这种踏蹬方法时，脚尖在脚蹬杆旋转过程中全是朝下的，踝关节可以完全放松，脚尖在最低点处可以稍稍加大朝下的角度。当脚蹬的位置在最高点时，脚尖向下，与脚跟成 8~10 度的俯角；从最高点到水平点时，脚尖更加朝下（成 15~20 度角）。

通过最低点后，肌肉即放松，脚尖恢复最初的姿势，然后朝下 8~10 度。动作就如此循环地进行。运动员在赛车场采用双脚"在臀部下方"工作时，可以采用这种踏蹬方法。这种方法对短距离运动员更加适用。他们的力量一般只能延续几分钟。

在中距离竞赛和有摩托车领先的竞赛中，使用这种踏蹬方法，要使脚尖在最高点时保持 3～5 度的俯角。这样可以使踏蹬动作更加有力。不要害怕踝关节运动的幅度有些增大，这不会使肌肉增加疲劳。

尽管"脚尖朝下式"的踏蹬方法应用得很广泛，但也有很大的缺点。如当脚蹬连杆旋转到最高点时，由于脚跟向上抬起，使膝关节和髋关节形成锐角，给大腿和臀部肌肉的工作造成困难；当脚蹬离开最高点时，为了避免沿直线方向无目的地施加压力，必须稍迟一点踏蹬，因此，这样在脚工作的每一个过程中，有效作用期减少 20～25 度。

此外，还有一个缺点，那就是在脚蹬旋转运动的各个阶段中，脚尖过分朝下（成 20～25 度），使腓肠肌产生很大的静力作用。经验证明，这种静力作用即使脚尖向上提起时还是继续存在的。这样就不能使运动员及时地和充分地放松肌肉，因而容易疲劳，有时还产生痉挛现象，俗称"抽筋"。毫无疑问，这种踏蹬方法对运动成绩是不利的。

3 "脚跟下垂式"踏蹬的动作

运用这种方法时，在踏蹬中脚跟都是向下垂的。这种踏蹬方法又可以分为两种。第一种方法：脚跟在最高点和最低点是朝下垂的；第二种方法：在最高点，脚跟与脚趾位于同一水平面或稍稍高于脚趾，而当脚蹬杆旋转时，脚跟则下垂。

在用"脚跟下垂式"踏蹬时，肌肉的作用与"脚尖朝下式"踏蹬时的相似，只是在工作过程中，胫骨肌在踝关节伸直后是做静力性工作，而腓肠肌则产生作用。

在这种踏蹬中，有必要增大传动比，以便补偿双脚转动不够快的缺点，其效果不如"万能式"和"脚尖朝下式"踏蹬。

它主要是在公路骑行中用来作为辅助的踏蹬方法——临时使用 5～10 秒钟，通过这种改变，能使双脚的肌肉得到休息。这时，可以从车座上站起，两脚伸直踏蹬。在实践中，惯用"脚尖朝下式"踏蹬的运动员往往也采用这种方法，以求在短暂时间内放松一下疲劳的肌肉。

踏蹬技术

在踏蹬动作中，其技术主要包括脚蹬旋转的技术和两脚同时用力踏提脚蹬的技术。其中，前者又可分为冲击式和回旋式旋转技术。

1. 冲击式的脚蹬旋转技术

当脚蹬离开最高点时，脚即做短暂的向下踏蹬的冲击动作。然后，另一只脚也做这样的动作。这种踏蹬动作在整个循环中包括两次短的冲击，因此，车辆不能平稳地行驶而是带有跃进的性质，速度也因冲力的大小而改变，在行驶中，时快时慢。

采用大转动比和长脚蹬连杆的运动员大多采用冲击式的脚蹬旋转技术。另外，用这种方式踏蹬是非常紧张的，很快就会疲劳，结果造成肌肉无力而速度减低。

2. 回转式的脚蹬旋转技术

当双脚做回转运动时，运动的速度应该接近于等速。踏脚蹬的动作要很柔和，从水平点开始稍稍加大踏蹬的力量。如果从前面看去，双脚的工作与机车连杆的工作很相像。回转式的脚蹬旋转技术与冲击式的不同，由于回转式的动作比较协调，再加上向前下方踏蹬的重量，所以仅需要使用最小的力量就可以了。

为了更有效地运用这种技术，必须紧紧地坐在车座上，上体不可左右摇晃，也不可上下移动。要使踏蹬动作不感到困难而且有所改善，还必须注意速度是依靠脚向下踏脚蹬取得的。但是，如果另一只脚在向上提起时不给予相应的协助，也不能保持已取得的速度。

当脚刚一通过最低点，就需要自然地抬起，但不可使用过大的力量。不注意这一点，即使最有耐力的运动员也不能很好地掌握这种骑行技术。

　　归根结底，问题不在于是否会用力踏蹬，而在于踏蹬以后脚抬起的技巧和腓肠肌的放松。许多运动员往往不能做到使两脚互相协调，而且上提的脚还因本身的重量抵消了下踏的一部分力量，犯这种错误的不单是新手，有经验的运动员也不例外。

　　3. 两脚同时用力踏提脚蹬的技术

　　在骑行中，有时在一段不长的时间内需要猛然用力加强踏蹬动作，如猛冲、终点冲刺、计时赛原地出发时的疾驰、上坡时"离座立式"骑行等。在自行车上，两个脚蹬杆相对处在一条直线上。因此，当一个脚蹬杆旋转 1 周（360 度）时，它只从最高点经过水平点到最低点做半个圆周的功。

　　为了在下半个圆周利用同一脚的力量来加速脚蹬的旋转，大多数运动员都采用双脚同时用力踏提脚蹬的方法来工作。当被捆脚皮条和脚卡子固定在脚蹬上的脚掌从最低点到最高点时，用力向上提脚蹬，使这一行程也能做功。

　　因此，使脚蹬旋转的力量有两个，即一脚掌自最高点经水平点到最低点的行程中是向下使用压力。相反，另一脚掌自最低点经水平点到最高点的行程中是将脚蹬向上提的。

　　上述方法不可使用太久，因为在这种情况下有很大一部分肌肉处于非常紧张的状态，很快就会疲劳，使工作能力迅速降低。

　　4. 脚蹬杆长度的选择

　　脚蹬杆的长度对两脚在踏蹬时能否正确地进行工作有很大的关系。运动员增加速度的方法有两种：加大车轮从而增大传动比，或者加快脚蹬的旋转。这两种方法都和脚蹬杆的长度有密切的关系。

　　许多运动员由于对掌握快速传动脚蹬的技术存在着不必要的畏惧心理，在确定有关传动比的问题时不敢使用中等的传动比，宁愿采用大的传动比。这样，脚蹬杆过长，导致两脚的速度没有增大。其实，这时对运动员更合适的并不是增大传动比，而是缩短脚蹬杆的长度。

为了掌握良好的踏蹬技术，必须选择与运动员两脚的长度及体力相适应的脚蹬杆。有些运动员，在选择脚蹬杆时常常只根据自己的身高，而没有考虑两腿的长度和解剖构造。其实在大多数情形下，在这一方面起决定作用的并不是整个身高，而是两腿的长度和体力。有些运动员以两腿肌肉结实有力为理由，证明他们采用大传动装置和长脚蹬杆是正确的。

如果运动员的两腿强而有力（尤其是两腿较短时），当然可以将传动比加大。但是，在这种情况下却不应该使用加长的脚蹬杆。腿短的运动员在采用长脚蹬杆时，就不得不将腿抬得比腿长的运动员高些（与身高相比），他的膝关节和髋关节屈成不适度的锐角，这是不利的，两条大腿的工作便特别加重，而不像腿长的运动员那样，加重在踝部。因此，动作变得迟钝而累人。

自行车骑行的基本方法

每个参加铁人三项赛的运动员不仅要有高强度的训练，掌握骑行技术，而且还要钻研自行车的骑法，只有这样才能掌握自行车运动的技巧。在每次的训练中都要系统地进行这些基本骑法的作业。

定车

定车是控制自行车所必须的方法之一。它是自行车比赛必须的技术和战术动作之一，也是提高运动技巧的重要手段之一。定车训练有素的运动员，在掌握骑行技术方面会更快和更精，骑起车来便感到有把握，还会感到轻松、动作自如并会减轻两腿踏蹬的负担，无论以最慢的速度骑行时或是和运动员挤在一起骑行时，都不怕失去平衡。

此外，从战术角度看，善于长时间定车的运动员比那些体力与自己相等，但定车技术不如自己的运动员占优势。这是因为，在短距离竞赛中，尤其是在一对一的竞赛中，处于领先地位的运动员是不利的。因为他看不到后面的对手在做些什么，于是害怕对手冲到他的前面去，便不得不随时回头望，这样就会妨碍车的操纵，引起精神紧张和不安。

事实上，尽管骑在前面的运动员回头望，但是他很难盯住对手，往往在对手已经加速开始猛冲了才意识到，自己需要加速猛冲，但大多数情况下还是会招致失败。

此外，只要有谁一开始定车，两对手就会在定车的战术和技术上进行激烈地竞争。被迫骑到前面去的运动员的意志便会受到挫折，情绪大大地恶化，不由自主地进行自卫。而对手在大多数的情况下，会因为主动而获取胜利。

开始几次的训练课最好采用两手扶在车把上部、两腿伸直站在脚蹬上的定车练习。这种姿势容易使身体处于平衡点上。捆绑皮条不应系得太紧，以便在失去平衡时能用两脚撑在地上。

掌握了这种姿势以后，便可以采用坐在车座上、两手扶在车把两端的定车练习。要想把车定得稳，车的前轮应稍偏向一边，两个脚蹬应差不多处在同一条水平线上，两脚前后放在车子前轮的后部。

车子定住以后，必须迅速找到身体的平衡点，并保持住它，然后借助脚的动作使车子稍微移动，使身体不失去已经找到的平衡。方法是：运动员采取站立姿势，这时如果是右脚在前，那么前轮的前一部分就要转向右方。当感到身体快要失去平衡，并向右歪的时候，应使车子稍向右移动，移到歪斜的躯干的下方。

为此，运动员可用前脚轻踏蹬子，但是踏蹬时要非常轻，只要能恢复平衡就行了。当身体平衡后，左脚轻踏，以制止右脚的动作。

为了使身体恢复到需要的平衡点，有时两脚需做一系列迅速而协调的动作：如果身体向左歪，两脚的动作与上同，只是做的顺序相反。运动员在车上要放松，上身不要紧张。为了有效地保持身体的平衡，两眼最好向前下方看，看前轮的下部。不仅应当会在直道上定车，而且还应当会在弯道上定车，这样更能提高骑行的信心。

尾随

"尾随"骑行有什么好处呢？在骑行中，前面骑行者的身体受到迎面空气的阻力，便产生涡流，带动身后的一部分空气，在后面骑行的人处在这种气流中，就可以消耗较少的体力，借以保持与前面骑行者同等的速度。

就是说可以在途中少费踏蹬力量借以进行终点冲刺。速度越快，"尾随"（注意，有的铁人三项比赛不允许尾随）就越有利，因为速度越快，空气的阻力也就越大。另外，在成队竞赛中，在后面骑行的运动员快速骑行一圈以后可以稍稍休息一下，以节省体力。

在赛车跑道上"尾随"骑行，应尽可能接近前车的后轮，距离15～30厘米，并稍向右偏15～30厘米，以避免危险。如果前车突然降低速度，在后面骑行的人也有可能稍向右骑开一点，略微骑行到前面去，不必采用骤然刹车的方法，这样既能节省体力，又能保持速度。

有些运动员在赛车场比赛的时候把自己车子的前轮保持在前车后轮的左方，这是危险的做法，因为，若是前面的人顺跑道的内缘骑行，突然降低速度，骑在后面的人就来不及急刹车，不得不离开跑道，骑进圈内去。在这种情况下，不摔倒也得输给对手。

但是实践证明，训练有素、成绩优良的队，为了少骑1米和更好地避风，他们整齐地排成一条线骑行，在弯道骑行时，有的采用左侧"尾随"的骑法。"尾随"骑行者有时仍碰到前车的后轮。如果是个新手，多半会因缺乏训练摔下车来。

有些运动员在碰车时摔下来是因为当车子的前轮从右面或从左面碰到前车的后轮时，便下意识地急刹车，上体向前轮歪斜的一方倒去，车把也不自主地转向一方。

这一切都发生得非常迅速，使得运动员立刻失去平衡，车轮靠到前车的轮子上，结果摔下车来。

其实，在这种情况下，避免摔下来并不困难。从右面碰车时，无须刹车，只要迅速将身体连同车子一块向右歪，同时将车把也向右转。这样后车的前轮便与前车的后轮分开，骑在后面的人不但不会摔倒而且也不会失掉速度。如果是从左面碰车，便向左方做同样的动作。碰车时避免摔倒的方法必须运用得熟练。因此，在训练时应实地练习这些方法，故意碰车并用上述方法摆脱。

经过如此练习的运动员在碰车的时候便十有八九不致摔倒，也不会害怕成组挤在一起骑行。"尾随"骑行应系统地在每次训练中进行。最初与前车的后轮保持 50～60 厘米的距离，然后随着骑行及踏蹬技术的提高，便可以做 15～30 厘米距离的"尾随"骑行。

参加铁人三项比赛在公路上举办的自行车赛段的比赛，"尾随"骑法与赛车场上的方法大致相同，只是在公路上根据风向和战术既可以在右面"尾随"，也可以在左面"尾随"。

如果风从正前方来，则由一人领头，成一路纵队骑行较为有利。如果风从斜侧来（在侧方），与前车的后轮取齐"尾随"骑行，其他的人在后排就应当靠前一些。

在分组竞赛中，"尾随"骑行有各种不同的方法，究竟用哪种好，须根据风向和战术的要求来决定。"尾随"骑法不宜在下坡和转弯的时候采用。因为这样会限制对路面的观察，可能发生事故，下坡时最好向旁边骑开，而在转弯时要稍向后一些，更有效地依靠自行车和上身的倾斜单独转弯。这样做还可以预防前面骑行者摔倒时自己受累。

上坡时也不应采取"尾随"骑法，这是因为：

（1）前车骑行的速度不平均，路线不是直的。

（2）上坡时速度显著降低，"尾随"的意义不大。

（3）由于和前车的后轮距离较近，当上坡需要用双脚用力踏蹬和用离座立式蹬车的时候，很难灵活地调度车子。

猛冲

猛冲的方法有两种，技术完全不同。最有效的，也是最难的方法，是运动员从车上站起来，两臂屈曲，上体向前移；与此同时，一脚用最大的力量踏蹬，而另一只脚借助于脚卡子和捆脚皮条同样用力地向上提脚蹬。

当左脚踏蹬时，左手用力向怀里提车把，给身体造成一个良好的支点，以便脚能使出最大的力量；这时右手也用同样的力量向下按车把。

这样，一方面可以保持车把平衡，不改变骑行的方向，另一方面也可以加大右脚向上提脚蹬的力量。

在猛冲时，整个动作都应做得协调、一致，而且迅速。踏脚蹬时，上体应猛力倾向车把，这样就能充分利用身体的重量，与两脚急剧向后用力形成"平衡"。

用这种方法猛冲时，上体的前倾有不同的姿势，这取决于骑车的姿势和自行车的结构。如果车身短、前叉的倾斜度小，车座离车把近，上体就少向前倾些。反之，上体就多向前倾些。上体过于前倾，可能产生后轮空转的现象。

第二种猛冲方法与前一种完全不同。运动员身体稍向车座的后部，两臂几乎完全伸直，而且腰部弯曲，然后用一只脚踏脚蹬，另一只脚提脚蹬。为了给身体形成更有力的支撑，两臂应伸直，竭力向怀里拉车把。运动员紧坐在车座上，是为着能够使出足够的力量，尽快获得最大的速度。

不论用上述的哪种方法猛冲，头都要稍微抬起，因为这可以增加伸肌的紧张力。

在比赛的结束阶段，用猛冲的技术来开始终点冲刺往往是最有利的。但是，也必须记住，猛冲要费很多的体力，长时间不停顿地进行猛冲是支持不住的。在终点段用如下方法猛冲会有较好的效果：猛冲 3 ~ 5 分钟后，紧坐在车座上，稍微放松一下肌肉，再重新猛冲，然后换做轻松地踏蹬，保持住已经获得的最大速度。

在训练猛冲的技术时，不应当固定用一只脚开始，否则，在准备猛冲时就会被对手发觉。在竞赛中猛冲应做得出其不意，不要等到有力脚达到有利于猛冲的位置时才进行，应该学会任何时候和用任何一只脚开始都能猛冲。

在猛冲时不可闭气，并且在有力脚用力时，应当呼气。在这种情况下，用力呼气能提高工作的效能。呼气和用力踏蹬动作的互相配合，是每个运动员必须掌握的关键。在学习猛冲的完整动作以前，必须先分别学习它的各个单独的部分。例如，学习第一种猛冲时，应先掌握离座立式骑法，然后再掌握身体快速离开车座、两臂撑车把的动作，而这些动作都应当以慢速骑行来做。这两个基本动作学好以后，再加上两脚用力踏提脚蹬的动作。在学习掌握猛冲方法的最初几天里，不必使用全力，而是体会身体、臂部、腿部、脚蹬等的最佳位置。

掌握动作后便可用全力猛冲，这时，踏蹬的力量应均匀，身体应紧紧地坐在车座上。如果猛冲动作做得不好，就必须停止练习，进行休息，然后做两三次不用全力的猛冲，纠正动作，而后再继续练习全力猛冲。

每次练习猛冲时，不应过度用力，可是一定得用最大的力量，在五六次猛冲中，起码应有 3 次以上做得轻松，不过度紧张，但却快速、有力。在以全力练习猛冲以前，应先熟练掌握各个终点段的骑行技术，即不间断地逐渐加速，迅速地骑行最后的 150 ~ 200 米。

猛冲训练的目的在于学会在瞬间集中力量加大速度，猛然摆脱对手，对对手的猛冲能有及时反应的本领。因此，在训练时（特别在竞赛场上）应该制造接近于竞赛的气氛，即练习在赛车场或公路上的一定地点和练习者事先不知道的地点开始猛冲。

也就是说应该练习有意识的猛冲，也要练习好特殊情况的猛冲。为此，在训练时可以利用传到赛车场来的各种音响，譬如，汽车喇叭声、电车的笛声，或者请别人突然发出约定的某种信号。把这些音响当作猛冲的信号来进行练习，就能训练自己时时戒备，使神经系统随时有马上进行猛冲的准备。

终点冲刺

终点冲刺是取胜的最后一关。终点冲刺与猛冲不同，猛冲是自愿地或在速度相当低的时候开始的，而终点冲刺则是在快到终点的时候开始的。

终点冲刺的方法有上体前移和上体后移两种。上体前移的终点冲刺技术基本同猛冲，只是两臂屈曲的程度少许加大，两肘向外分开，并稍向下，两肩更向前倾，腰部更加弯曲，全身团成一团，并移至车座的前端，但是不离开车座，当上体处于这种姿势时，两腿的膝部会屈曲得很大，两脚的动作同猛冲。

终点冲刺有三个要点：

（1）迅速确定冲刺的距离，以便在这最后的几米内发挥最大的速度。

（2）不要过早冲刺，因为这样到终点前速度会急剧降低。

（3）冲刺时踏蹬的力量仍是柔和的，不需要过分用力，否则，反而使动作僵硬。

终点段疾驰

在自行车竞赛中，对每一个运动员来说，终点段疾驰是最紧要的关头，这时应以最大的速度驰过最后的 200～300 米。无论怎样开始终点段疾驰，用猛冲的方法也好，用逐渐加大速度的方法也好，甚至用其他的任何方法，目的就是加大速度。两脚动作越快，速度提高也就越快。

从表面上看，当进行终点段疾驰的时候，显然有必要猛然用上全身的力量。但是即使用猛冲的方法开始终点段疾驰，所用的力量也只能以有利于速度增加到最高点为限。否则，就将产生后轮空转，车子向两侧摇晃，不以直线进行等状态。由此可见，加速必须以有效地使用力量的原则进行。

用猛冲的方法进行终点段疾驰时，猛冲做得越猛，则用最大速度冲刺的距离就越短，这样比较有利。否则，冲刺的距离过长，则结束时冲刺就会变得无力了。在练习时，应当摸索出以猛冲开始、冲刺结束的终点段疾驰的距离，以便在竞赛时准确地开始终点段疾驰。

逐渐加速的终点段疾驰，一般是以均匀的速度疾驰的。用这种方法进行终点段疾驰，体力的消耗就不像用猛冲方法那样大。但是，这种方法有缺点，可使对手得以安然尾随，以致在最后的直道上和自己进行激烈的竞争。

在这种情况下，对手是占优势的。因此，不论采用任何方法做终点段疾驰，都要在发挥出必须的速度以后，善于保持住。在最后 50～70 米，更要加大速度，以终点冲刺结束全程。

在任何情况下都应该坚持到底，甚至在终点段疾驰的一开始就不顺利，或者对手比自己强，或者是在最后的直道上被对手赶上也不例外。终点段的呼吸应当深而频繁，而且越接近终点线，呼吸的频率也就越大，但不要变为短浅、频促的呼吸。

在弯道上，以最大的速度做终点疾驰时，为避免在转弯时车子受惯性作用发生侧滑的危险，当进入弯道时应稍往右骑开一些，然后大胆地与车子一起向左倾，重新回到原来的位置。

为了使战术尽可能多样化，运动员还应当学会各种终点段疾驰的方法：

1. 尾随开始的终点段疾驰

在途中骑行时，应设法在最后的 200～300 米上采取尾随前车（不允许尾随的比赛除外）的战术。这样在轻松地骑过终点段绝大部分后，就能储备力量，以便在最后几十米加大速度，在终点线前做决胜的冲刺！

2. 与前车有一定的间隔开始的终点段疾驰

位于第二的运动员开始疾驰时，必须与前车保持 2～5 辆车身的间隔，以前面领先而且首先开始终点段疾驰的对手为目标，跟在他后面加速前进。这样，在追上对手时便获得了比对手更大的速度，这时就不需尾随而是飞速超过去。不论是在弯道上，或是在直道上都是如此。

3. 一般的终点段疾驰

运动员发挥出最大速度以后，要猛冲或逐渐加速骑行一段距离，然后，竭尽最大速度进行终点冲刺，这是首先开始终点疾驰的运动员常采用的方法。利用这种方法在终点段常常能获得满意的速度。

4. "间歇式"的终点段疾驰

整个终点段的骑法不是始终紧张用力，而是有间歇性地做短促"爆发"式用力。在使出最大的力量以后，便靠惯力溜行，这时要使"间歇"与吸气配合。这种爆发用力的次数应逐渐增加，每次"爆发"延续的时间随运动员的个人特点而不同。

这种终点段疾驰法的优点是，使肌肉在短暂的时间内得到休息，获得新的力量。这种方法与一般的终点段疾驰法一样，多半是被领先而且首先开始终点疾驰的运动员所采用的。

除了上面所说的几种终点段疾驰方法外，还有许多种方法，但是这些方法与其说是技术，不如说是战术。不论用什么方法进行终点段疾驰，都必须遵守这一条规则，即在终点段的最后若干米，一定得以最大的速度猛力驰过，这是自行车运动员训练工作中最重要的任务之一。

终点段疾驰的练习，应在距终点 75～100 米的地方开始。这时必须尽最大的力量，并保持动作正确，以尽可能快的速度进行，然后逐渐加大距离，直至加到250～400米。但要注意不能使速度在最后若干米时降低。

有些运动员在进行终点段疾驰时，往往在骑车姿势及踏蹬方面犯两种错误：一种是在整个终点段疾驰的过程中，两脚同时用力踏提脚蹬，不使腿部肌肉有放松的机会，这就不可能使整个终点段保持住猛冲时取得的速度，至于提高最后一段距离的速度就更谈不上了。

另一种错误是在整个终点段上臀部离开车座，上体前移。采取这种姿势的确能加强踏蹬的力量，但是由于大部分肌肉参与工作，因而踏蹬的力量就自然会减少。

此外，站着踏脚蹬会使肌肉的负担量加大，全身很快会感到疲劳，结果还没有等到终点段疾驰结束速度已显然下降了。据观察，有许多运动员都无意识地使上体前移，这不外乎是想迅速达到终点，但这其实对加大速度毫无帮助。运动员应时刻记住，在终点线上是根据最先到达的车轮，而不是根据伸在前面的头来判定胜负的。

公路上共同出发的终点段疾驰与赛车场上的没有什么区别，所应遵守的原则基本相同，即由"尾随"开始间歇式猛冲或逐渐加速。但是在公路上由于下述情况，使得终点段疾驰变得复杂起来：

（1）必须及时发挥终点段的速度并保持这速度。

（2）竞赛的全程通常都是以坡来进行，这将使动作费力，而且由于许多参赛者同时进行疾驰，很难在车群中选择出最合适的地点开始。

（3）不容易凭眼力判断终点段的距离。通常这段距离一般是距终点线600～800米，或更远一些。如果判断不正确，不是过早疾驰支持不到终点，就是疾驰过迟而失去机会。

上坡与下坡的技巧

在上坡时踏蹬起主要的作用。在上坡骑行的训练中脚的动作，应根据速度逐渐增大力量。千万不要由轻松用力猛然转入紧张用力。在整个上坡，特别是漫长的上坡，猛蹬或离座立式骑法，会使运动员感到吃力，会很快疲劳。

上坡时呼吸的方法也起着重要的作用。上坡时呼吸应该深入的，不要屏气，不要很用力。应该随负担量的增加，有意识地逐渐加大呼吸的频率。

在竞赛中上坡技术是很重要的。在共同出发的竞赛中，往往需要在上坡时进行猛冲及爆发式用力猛进。不掌握精良的上坡技术，在上坡时想超过对手是办不到的。

短而不陡的上坡，可以用均匀的速度通过，不要加速也不要减速，逐渐加强踏蹬力量。这时，要紧坐在车座上，不要使躯干及两臂紧张，当脚蹬处在水平部位时，必须加大踏蹬力量。短而不陡的上坡的前一半距离可用由疾驰中获得的已提高的速度通过，在后一半距离上速度明显下降时，可用双脚用力踏提脚蹬法通过，只是在上坡顶点前很短一段距离用离座立式骑法（不是双脚用力踏提脚蹬的那种）通过。在这种情况下采用离座立式骑法主要的并不是为了加大踏蹬力量，而是为了改变腿脚及身体的位置，以便更好地放松肌肉。

漫长的上坡，根据坡度的大小，可以采用变换踏蹬骑法。首先，均匀地用力踏蹬，然后，每当脚蹬处在水平部位时加大踏蹬力量，随后双脚用力踏提脚蹬骑一段，最后，用离座立式骑法，再用双脚用力踏提脚蹬法，只是快到上坡顶点时，才用双脚踏提脚蹬的离座立式骑法结束上坡。

许多运动员在通过相当陡的上坡时，并不采用离座立式骑法，而是保持从容的骑行姿势，并以合理的踏蹬，使肌肉的紧张时间很好地互相交替。这种骑法的效果也是很好的。在快骑过陡而且漫长的上坡时（主要在越野赛中），有时可以不像通常那样顺直线行驶，而是拐来拐去地曲折前进。

这样，距离当然会加大，但是，上坡的陡度就不太显著了。在上坡时，如果感到十分疲劳，最好就不要过度用力骑车上到顶点，不如用步行通过为好。这样虽然在速度方面有些损失，但是由于改变用力的方式，使肌肉有可能得到很好的休息。

在竞赛中，尤其在上坡时，一个紧跟一个的情况下，体力不够是常有的现象，这就需要非常慎重地分配自己的力量。如果不能做到，则在几次过度用力以后，就不得不改用步行通过上坡了。

到达上坡顶点并不意味着需要停止工作，应利用溜驶做长时间的休息。当然，暂时停止紧张的工作，放松一下所有的肌肉，这是需要的。但是，这种放松不应超过 2 ~ 3 秒钟。放松以后应重新投入工作，在 50 ~ 70 米的一段路上要以双脚用力踏提脚蹬来恢复上坡前的速度。然后，再利用溜驶，使上体及腿脚的肌肉得到较长时间的休息。如果上坡的路程很长，这种休息则可进行两三次。

有的运动员认为，在通过漫长的下坡时，只借助自己及车子的重量就可以获得很大的速度。实际上，在大多数情况下，还必须加强踏蹬工作，做几次爆发式用力猛冲才能达到最大的速度。如果是逆风，在下坡时这种动作要做好几次。在若干次爆发式用力猛进的间歇中，将两脚蹬成水平位置，使肌肉放松休息。

这时，为了减少风的阻力可以使上体再弯曲些。就身体的紧张情况来说，下坡骑行当然比上坡骑行轻松得多，但是需要有勇敢精神及高超的骑车技术，特别是在急转弯下坡时。

转弯技术

转弯骑行法有两种：第一种，转弯时运动员与车子以同样角度向里倾斜，即使上体与车身在一条直线上。第二种，运动员的躯干几乎保持垂直姿势（稍微往里倾斜），而车子却往里倾斜得很厉害。

车子的倾斜要能克服离心力的作用，否则就会使运动员因离心力的作用从车上摔下来。弯道的半径愈小，速度愈大，车子的倾斜就应该愈大。半径大及半径中等大的弯道，通常用第一种方法行驶。半径小的弯道，通常用第二种方法行驶。

不应使车子过分倾斜。在柏油路上车子倾斜度若是大于28度，车轮便失去与路面的摩擦力，这时车子就会打滑，尤其在有沙土或小石子的路面上，更应注意。

在通过湿滑的弯道时，也不应使车子过分倾斜。快到弯道时应特别小心，迅速地根据弯道半径的大小及路面的情况调整速度，使车子适度地倾斜。如果感到速度很大，哪怕有一点恐惧，也应在驶进弯道前稍微握一握车闸，将速度减慢一些。

当进入弯道时就可将车闸松开。在山地上骑行转弯时，这些动作应该做得更迅速、更准确，因为在山地下坡时，时常接二连三地碰到150度到180度的弯路，而且骑车的速度很大。在这种情况下要求运动员有勇敢的精神、准确的眼力和高超的骑车技术。

有些运动员在通过半径小的弯道时，将里侧的膝部尽量朝里。如果所坐的车座与车把离得很近，怕膝盖碰到车把上，把膝部向里侧移，这是必要的。如果弯道的半径非常小，如在狭窄公路的弯道，为了避免摔下来，把膝部向里侧引也是必要的。此时，应把捆脚皮条的扣松开，以便必要时容易把脚从脚蹬上拿下来。

在转弯时，为了使后轮能与路面良好地切合，不打滑，必须尽量往后坐。在急转弯时为了避免脚蹬在车子倾斜度很大时碰到地面，必须避免使脚蹬处在最高点上。要想以很大的速度通过半径很小的弯道，必须有很好的训练。每个运动员都必须认真地学习弯道骑行技术，首先从慢速学习，然后逐渐加快速度。

越野骑行

参加越野铁人三项或两项的运动员，都需要掌握越野骑行的技巧。越野赛由于地形复杂，变化较多，所以骑行的变化也较大，应根据不同的情况采取相应的骑法。陡而短的上坡应该用同平道上一样均匀的速度通过，如果速度降低，应该从车座上站起来，用离座立式骑法通过。

如果不可能按直线骑行上坡通过，就应改用曲折行进的方式通过。如果上坡路线很难通过，那就不必骑在车上白白消耗体力和时间，最好下来推车跑步通过。

如果突然遇到障碍，可以猛力倾斜车子，并将车把也向车子的一侧稍微转动，这样就能绕过去。如果在远远的地方就发现前面有障碍，应使身体及车子逐渐倾斜绕过，绝不可以冒险通过任何障碍。骑行速度很大时，眼睛不应只往车子的前面看。如果眼力好，就应该尽量往远处看，以便及早发现障碍，在通过深车辙、小桥两侧无法通行的小路、泥泞地段和灌木丛等时，眼睛也要往前看，这样就能容易地通过深而窄的车辙，如果只往前轮看，那一定会摔倒。

下坡时，特别是路面很滑和急转弯时应多加小心。斜度较缓的下坡，并且前面是能看得很清楚的下坡，则可用最大的速度通过，并利用下坡所获得的疾驰惯力通过前面的坡。

如果下坡的尽头是弯路，那就需要预先将车速稍微减慢。如果对转弯和转弯前面的情况还不熟悉就更应如此。在下陡坡稍微刹车时需要前后闸同时使用，并把体重移到车座的后一部分。

下坡时应小心深车辙，因为进了车辙就不容易摆脱出来。在这种情形下，最好把车子停下来。遇到有深而交叉的车辙、窄而深的小沟及车压的坑时，可用如下的方法通过：使车子与上述障碍成直角，当前轮驶近障碍时体重往后移，上体伸直，将车把向怀里拉，等前轮悬空越过障碍后，上体再前倾，这样后轮的负担就被减轻了，即便遇到障碍也能轻易地越过。

宽 30~50 厘米的障碍可以用另一种方法通过。运动员驶近障碍时，使两脚蹬处于水平位置，站在脚蹬上，在障碍物前 1~1.5 米的地方向上提起。根据事先疾驰的速度，车子能够提高到 20~30 厘米凌空驶过 1.5~2 米。用这种方法也可以越过树根、小丘、大木棍等。但是这种方法只有在熟练掌握以后，才可在竞赛中采用。

有斜坡的宽而深的沟及路两边的沟不要成直角通过，而要使车子与沟成 20 度到 30 度角通过，并把速度稍微减慢一些。从沟中驶出来的时候，即当前轮开始往上爬的时候就应更加用力地踏脚蹬，以便赶快驶到平坦的路面上。否则，车子就会毁损或前翻过去。

距离不长的（5~10 厘米）有大量沙子和泥土的路段或沼泽地，应该预先加大速度，紧握车把骑行通过。同样，路段比较长的，则应以慢速通过，尽量顺直线骑行，避免突然减低速度和停车现象，只用躯体保持平衡，不必借着车把的帮助。

如果车子停了下来，就不必再骑上去，可以推车通过。在通过有矮草的路段时，不应该猛然刹车或以很大的速度拐急弯，否则车子就要打滑。如果草比较高，而地面不平，就应减低速度，否则容易陷到被草遮掩的坑中，或车轮压在坑或车辙里。

在有树根突出的小路上，应注意不要让脚蹬位于最低点时与树根相碰。

泥泞的黄土路最不利于抢行，在这种路上车子会左拐右歪，后轮空转，前后叉子里塞上很多泥，致使车子不得不停下来。

在这种情况下，最好沿路边有草的地方骑行。泥泞的路段应以较慢的速度骑行，刹车要柔和，不可过猛。碰到这样的路段时宁可选择泥较稀的地方骑。因为稠泥会粘到外胎上，塞到叉子里，妨碍车子前进，有时甚至使车子完全停下来。

碰到小河可用不同的方法通过。如果河不宽，两岸有斜坡，可以骑着车子通过；如果河底有淤泥或石块，最好扛着车子通过；如果在不远的地方有小桥或独木桥，最好从桥上过去，这总比涉水弄湿了鞋子好，因为鞋子湿了，对踏蹬是不利的。

通过障碍要勇敢，少刹车，尽量依靠判断力及眼力。应该记住，只追求骑行速度，有时会将车子损坏！

刹车诀窍

在竞赛和训练中，运动员有时需要用刹车来减慢车子的速度，甚至使车子完全停止下来。刹车是有技巧的。运动员应尽可能使自己的动作合理，适时调整速度，以便少用刹车。因为在大多数情况下，刹车会改变动作的节奏，使运动员不得不失去已经获得的速度。

要想使车子慢慢地停下或使它的速度慢下来，最好使用后闸。当有必要迅速停车时，应当同时使用两个闸，前闸要稍微提早点使用。在行车速度很快时（尤其在泥泞的道路上或弯路上），如果只使用后闸，车子就会猛然往一侧滑去。

前闸主要是在有必要猛然停车时使用，因为使用前闸可以产生较迅速的制动作用。但使用前闸时应当特别小心，必须使前轮的方向与车子前进的方向一致，否则由于运动员的大部分体重及自行车后一部分的重量受惯性作用传到前轮上，会使运动员摔倒。

在一般情况下，当没有必要马上停车时，用哪个闸都可以，但是最好两个闸都使用。因为如果养成只使用后闸的习惯，那么在必要的时候就可能忘记使用前闸，这样就会发生事故。

在漫长的下坡做缓刹车时，为了使刹车皮及轮缘不致过热，应该轮换使用前闸和后闸。有时会碰到意外的障碍，这时甚至连紧急刹车也来不及。在这种情况下，可以采用左转弯法，猛然捏住前闸及后闸，使车子往左侧倾斜，同时将车把往左转动。在开始转弯的时候，松开后闸，仍然捏住前闸，左脚用力从捆脚皮条或卡子中抽出来，支撑到地上。

这时，运动员应与车子一起向侧倾斜，否则他会被离心力从车座上抛开。往左急转弯很容易使车子转180度。当车速非常大时，或在泥泞的路上，有时甚至可以使车子转（甚至好几个）360度。有许多运动员在越野赛的途中，甚至在狭窄的公路上分别出发竞赛的转弯时都用左急转弯法。

但是应当指出，在利用左急转弯法时，外胎必须上的很牢靠，否则就会发生外胎脱落或轮缘损坏的事故。最好在非常紧急的情况下才做急刹车，因为在急刹车时车子与地面摩擦得很厉害，对外胎很不利。运动员应该经常、并且非常留心地注意车闸的情况。要记住，活轮自行车在竞赛或训练中，如果车闸有毛病就会发生事故。

跑步技术战术

跑步的技术原理

一个人要想跑得快，必须要符合跑的基本规律，即完成动作时运动员的身体姿势、动作的方向、幅度、距离、节奏、速度、速率，以及力的相互作用等都应符合基本的运动学和动力学原理。

跑是一项周期性地推动人体移动的运动，步是组成跑的动作基础。

运动员单腿蹬离地面至另一腿着地前，身体在空中运行一定距离。这种支撑时期与腾空时期的重复交替是跑成为周期性运动的前提。

跑的周期划分

腿的动作周期的阶段顺序包括支撑时期和腾空时期两个阶段。支撑时期又包括腿的着地瞬间、缓冲阶段、垂直瞬间、后蹬阶段、离地瞬间等两个阶段和 3 个瞬间；腾空时期则包括身体总重心上升阶段、身体总重心轨迹最高点瞬间和身体总重心下落阶段。

跑步的动力来源

根据运动第一动力，物体的运动是力相互作用的结果。跑步的动力来源是肌肉的工作。然而，对产生人体运动来说，只是肌肉力量还是不够的。人体运动是内力，即肌肉工作所产生的力与外力的相互作用产生的运动。

人体运动，如跑或跨时的外力有重力、空气阻力、摩擦力、支撑反作用力和离心力等。重力始终引向地心并起不同作用，身体向下运动时，它是动力；身体向上运动时，它是阻力。重力不会加大或减小运动的水平速度，它只能改变运动方向。

空气阻力对运动起阻碍作用，它始终与人体的水平运动方向相反，并与赛跑运动员速度的平方成正比。跑速越快，空气阻力越大。

跑步时，支撑反作用力的大小方向是不断变化的，它与蹬离地面的力大小相等方向相反，这一力取决于运动员的质量、跑的速度和肌肉用力。在支撑期的不同阶段和瞬间，跑的支撑反作用力是不断变化的。当运动员的身体位于支撑面的压力中心正上方时，在身体质量的作用下，支撑反作用力垂直向上。

然而，身体总重心不是总位于支撑面的压力中心之上，支撑反作用力可能与地面成较小角度，因而压力和支撑反作用力可分为两个分力：

垂直分力和水平分力。这些合力的大小决定了赛跑运动员的运动。支撑反作用力的垂直分力与重力相对抗，当垂直分力大于运动员的体重时，身体总重心向上运动，反之，则相反。

支撑反作用力的水平分力取决于给地面施力的大小与施力的角度。水平分力对身体向前运动具有极其重要的作用。运动员在结束后蹬时的蹬地角叫后蹬角（后蹬角是指运动员跑时蹬离地面瞬间，支撑腿纵轴与地面所成的倾斜角。腿的纵轴是支撑压力点与髋关节的连线）。后蹬角决定了水平分力和垂直分力合力的方向。在短距离跑中，此合力远远超过中距离跑和长距离跑时的合力。

腿着地瞬间支撑反作用力的方向是向后向上的，这样就产生了制动，使前支撑阶段中的跑速降低。通过腿的缓冲和靠近身体总重心投影线的着地动作能减小制动力量。但要想完全消除制动力是不可能的，运动员只能把它减小到最低程度。

从腿着地瞬间到后蹬阶段的开始前，支撑压力的水平压力方向向前而产生制动。然后，在后蹬阶段中，支撑压力的方向转而向后，这时身体的大多数环节产生正加速度，这意味着身体总重心是向前加速的。

从腿的着地瞬间起，身体的负加速度一直存在，到接近身体总重心轨迹的最低点时，负加速度逐渐下降到零。在这一阶段中，支撑腿进行缓冲，减慢和停止运动员身体的向下运动。当负加速度达到零时，即开始后蹬阶段，这一阶段到腿蹬离地面时止。后蹬阶段的正加速度主要是依靠支撑腿的有力伸展而获得的。

身体按惯性运动是腾空时期的特点，腾空中身体总重心的轨迹呈抛物线。身体重力使运动员改变着运动方向，空气阻力也使运动速度下降。

支撑反作用力在起跑和起跑后的加速中起明显作用。但当人体从静止状态摆脱后，达到较高速度时，前支撑的"扒地"作用明显加大。有关研究认为，此时应是输出功率大小成为影响途中跑速度的主要因素，所以形成了"扒地"、"展髋"、"屈蹬"等跑的技术形式；而支撑反作用力更多地表现在起跑和起跑后的加速跑中。

身体重心的运动

作用于运动员身体的外力，使身体总重心不能按匀速直线运动。它除了向前运动外，还有上下和左右的摆动。身体重量从一条腿移至另一条腿，是出现左右位移的主要原因。与垂直摆动相比，左右摆动幅度较小。身体总重心在不同动作阶段中的运动速度各不相同，最高速度出现在蹬离地面瞬间，最低速度在支撑期的垂直瞬间。

腿的动作

腿的着地点是在身体总重心的投影线前。接着，完成屈膝、屈髋、屈踝。短跑时，支撑腿在垂直瞬间的膝关节角度约为 130～140 度，髋关节角度约为 63～67 度。在后蹬阶段，进行快速的伸髋、伸膝和积极的屈踝动作，保证身体的正加速度并促进运动员身体向前运动。

腿在蹬离地面后，开始从最后的位置向前摆动，动作顺序为：上抬、超越、制动和下落支撑；蹬离地面后，腿快速向前方运动，同时完成屈膝、屈髋。这一动作明显缩短了腿的摆动半径，减小了它的转动惯量，加大了腿的前摆速度，为提高跑的步频提供条件。

在腾空时期中，腿完成分与合的动作。支撑腿在蹬离地面之后，仍继续分腿的动作，到接近身体总重心轨迹最高点瞬间时，开始空中的剪绞动作。这一动作不能提高空中的运动速度，而是为加快步频创造良好条件。

骨盆、臂和躯干动作

骨盆不仅具有向前运动，而且也有转动。最明显的是围绕垂直轴的转动，接近蹬离地面瞬间时，最大转动角达到45度。

另外，跑步时骨盆还有围绕矢状轴的转动，垂直瞬间时，骨盆向摆动腿一侧的倾斜度最大。骨盆的这种转动提高了运动员身体的向前速度。骨盆围绕垂直轴的转动能促进加大步长，有利于后蹬和摆动腿的前摆。

高速跑步时，肩部动作是在前后方向运动的，肩关节的动作幅度加大，肘关节的角度也有变化：前摆时，角度较小，后摆时，角度加大。

中长跑时，肩的动作幅度明显减小，方向也有些变化：前摆时，臂稍向内，后摆时稍向外。

跑步时躯干位置也有变化。在跑的全过程中，躯干始终保持正直或微前倾。后蹬阶段时，躯干前倾减小，摆动腿着地时，躯干前倾加大。

各类跑步都保持着跑步的基本结构。但是，随着运动速度的变化，跑步的运动学和动力学特征也随之改变。短跑的变化最大，随着跑的距离加长，组成跑速基本因素的步长和步频相应缩短和下降，支撑期和腾空期的持续时间和它们的比例也相应改变。

弯道跑的技术原理

不管是在一般的径赛比赛中，还是在铁人三项比赛的长跑段比赛中，都会遇到在弯道上行进的问题。弯道跑的技术与直道跑技术有所不同，原因是在弯道跑时，运动员还要受到离心力的作用。

因此，为了克服离心力对身体的不利影响，并保持平衡的姿态跑进，身体必须向内倾斜。与此同时，上肢、躯干、下肢以及脚的着地动作都有相应的改变。外侧的腿和臂的摆动幅度比内侧的腿和臂要大，而且，摆动方向也有所变化。跑动速度越快，动作的变化越大。

决定跑速的主要因素

步长和步频相互依存和制约。如果同时提高步长和步频，速度必然提高。但是在实践中，二者的任何一个因素都不能超过一定的限度。步频太快会减少腾空时间，必然影响步长。步长太大，腾空时间长，又必然影响步频。

因此，必须根据实际情况，选择二者合理的匹配才是保证获得速度的关键。

长跑技术分析

和独立的长跑项目一样，铁人三项的长跑段比赛也由起跑和起跑后加速跑、途中跑、终点跑技术组成。

起跑和起跑后加速跑

长跑各项目以及马拉松比赛时均采用站立式起跑。运动员听从发令员或其助手的召集，在起跑线后 3 米集合线上按其道次排列顺序站立，听到"各就位"的口令后，调整一下呼吸，很快站到起跑线后排成一列或若干列横队（马拉松）。

此时，两脚前后半步开立，有力的脚放在前，脚尖紧靠起跑线的后沿，两腿弯曲，上体前倾，两臂成跑的摆臂姿势（或两臂自然下垂），身体保持稳定，构成一个合理的起跑前的预备姿势。体重落在前脚上。

铁人三项长跑段比赛没有起跑口令，运动员放下自行车即可自行起跑。但起跑的基本原理是一样的。

起跑后的加速跑是指从起跑第一步落地到发挥出预计的速度或跑到战术位置的跑步阶段。这段加速跑上体逐渐抬起，迅速有力地摆臂，起跑后要对准跑动方向与弯道的切点，跑成直线，迅速发挥速度。当已经发挥个人的跑速或进入战术需要的位置时，将开始有节奏的途中跑。

途中跑

长跑的绝大部分距离是途中跑阶段，因此，途中跑的技术非常重要。

1. 上体姿势和摆臂动作

运动员上体保持稍前倾或正直的姿势。超长距离跑上体正直或前倾1度到2度。跑的过程中头的位置对上体的姿势有一定的影响，因此要保持头的位置正确。低头或仰头将造成上体的前倾或后仰。上体过分前倾会使胸廓活动范围受到限制，影响呼吸深度，也使骨盆沿横轴下旋改变肌肉用力的角度，影响大腿的前摆。

正确的上体姿势是保持正常的自然姿势或稍前倾，头自然地和身体保持直线，微收腹，送髋，面和颈肌肉放松。

摆臂动作能保持身体的平衡，加大摆臂的幅度和力量，起着增加腿部蹬地效果的作用。两臂的摆动还起着调节步长和步频的作用，要想两腿交换快，两臂就得摆动快；摆动时以肩关节为轴，肘关节屈约90度左右，前后自然摆动。

运动员的两臂与两腿协调一致异向摆动，随着摆动腿的送髋前摆，髋关节沿着纵轴转动而肩则沿着同一纵轴与髋关节反向转动。肘关节的夹角向前小于向后，两臂的摆动与两腿的动作幅度、频率始终保持着协调一致，摆臂要放松。

2. 着地缓冲

着地缓冲的任务是减小地面对人体的冲击，减少水平速度的损失，为尽快转入后蹬创造有利条件。衡量一个运动员着地缓冲技术好坏的主要标准是看水平速度损失的情况，应尽量减少水平速度的损失。

对短跑运动员而言，脚着地前，以摆动腿大腿积极下压，小腿顺势自然前摆，并同时后摆做"扒地"式着地动作，且保持身体的高重心。对长跑运动员而言，脚的支撑时间稍长，"扒地"动作不甚明显。

长跑运动员用整个脚掌的前大部分，甚至全脚掌着地。马拉松运动员用整个脚掌的前大部分、全脚掌或脚跟着地。例如：优秀运动员曲云霞是用前脚掌着地的；塞·科是用前脚掌外侧先着地的。

着地点距身体重心投影线的距离，因项目、性别和运动水平面有所不同。中跑优秀运动员的距离为 25 厘米左右，长跑和超长距离的比赛更小一些为 15 厘米左右，如塞·科仅约 20 厘米。脚着地时，脚尖应正对跑进方向，两脚内侧应切一条直线，这样都能较好地保持跑的直线性，提高动作实效。

脚着地后，应迅速屈踝、屈膝和屈髋完成缓冲动作。屈膝起主导作用，小腿后侧肌群和大腿前侧肌群应积极而协调地退让，以减缓着地的制动力，这样就使伸肌得到预先的拉长，为后蹬创造有利条件。

在垂直阶段脚跟稍向下落或全脚着地，这样可缓冲着地产生的冲击力。此时，骨盆向摆动腿一侧倾斜，摆动腿的膝关节低于支撑腿的膝关节，由于身体靠惯性向前运动，使机体获得一个短暂休息，未参与工作的肌群得以适度放松。

3. 后蹬与前摆

支撑腿的后蹬与异侧大腿同时积极前摆是现代跑技术的突出特点。其中，支撑腿髋关节、踝关节伸直的时间及速度与异侧大腿同时送髋前摆的速度，对推动运动员身体重心向前的效果及动作幅度意义重大。

有效的蹬摆技术特点是后蹬的发力以髋为轴积极伸展，后蹬腿三关节充分伸展，用力顺序为伸髋、膝、踝，同时摆动腿屈膝前摆并带动髋前送，后蹬结束时，后蹬腿的膝关节应完全伸直，一般为 160～179 度。

后蹬向前效果好坏，实际上取决于运动员伸髋的力量和速度以及前摆着地的动作、落地支撑时与身体重心投影线的距离。

4. 腾空

后蹬腿蹬离地面，人体进入腾空阶段。蹬地腿的小腿应迅速向大腿折叠，形成以大腿长度为半径的摆动过程。优秀运动员都重视大小腿的折叠动作，不应过高地向后抛小腿，而是在脚上抬的同时膝向前摆，这样会缩短摆动半径，加快摆动速度。

终点跑

终点跑技术在现代世界大赛中有时起着至关重要的作用，因为运动员水平较为接近。长跑运动员终点跑的含义与短跑有较大的区别，短跑运动员的终点跑指的是最后 2～3 米以靠身体前倾补偿性获得微弱距离。

长跑运动员的终点跑往往同比赛战术相统一，不同项目的运动员在比赛前就对自己比赛中终点跑的距离长短作了计划，比如，我国女子中长跑运动员王军霞在 1993 年德国斯图加特世界田径锦标赛上的 10000 米比赛中，还有最后两圈时就开始加速，最后获得了胜利；同样是王军霞在 1996 年亚特兰大奥运会上，在 10000 米比赛中，也是在最后两圈时加速，很快取得了约 30 米的优势，但在最后一圈被著名的罗马尼亚名将萨博追上，并在最后 100 米被超越，这就是一个不成功的终点跑战术，当然也与连续参加 5000 米和 10000 米多赛次比赛，体能未能充分恢复有关。

终点跑阶段要求动作协调放松，尽可能增大摆臂的幅度，提高跑的频率。特别是在最后距终点较近的时候，这时已出现乳酸堆积，上下肢的协同能力和蹬摆能力下降，这时应有意识注意各关节的放松，并注意同呼吸节奏相配合。

铁人三项赛的长跑段比赛属于超长距离比赛，优秀运行员也需在赛前确定自己的终点跑距离。

PART 7 项目术语

项　目

铁人三项 （Triathlon）

铁人三项是体育运动项目之一，属于新兴综合性运动竞赛项目。比赛由天然水域游泳、公路自行车、公路长跑三项目按顺序组成，运动员需要一鼓作气赛完全程。

游泳 （Swim）

游泳是在水上靠自力漂浮，借自身肢体的动作在水中运动前进的技能。游泳运动可分为竞技游泳和实用游泳，竞技游泳是奥林匹克运动会中的第二大项目，同时也是铁人三项第一项比赛项目。

自行车 （Cycling）

自行车运动是以自行车为工具比赛骑行速度的体育运动，是一项历史悠久的竞技项目，同时也是铁人三项第二项比赛项目。

跑步 （Run）

跑步是一项比赛前进速度的体育运动，是一项古老的竞技项目，同时也是铁人三项第三项比赛项目。

短距离铁人三项 （Sprint Distance Triathlon）

短距离铁人三项是铁人三项的比赛方式之一，总距离 25.75 千米，其中游泳 0.75 千米，自行车骑行 20 千米，长跑 5 千米。

长距离铁人三项 （Long Distance Triathlon）

长距离铁人三项是铁人三项的比赛方式之一，总距离 152.48 千米，其中游泳 3.04 千米，自行车骑行 120 千米，长跑 29.44 千米。

骑跑两项 （Duathlon）

骑跑两项是铁人三项的简化项目，只有自行车骑行和长跑两项，不设置游泳项目的比赛。

水陆两项 （Aquathlon）

水陆两项是铁人三项的简化项目，分为两种，即游泳－长跑组合和游泳－自行车组合，一般比赛都采取游泳－长跑组合。

伤残铁人三项 （Paratriathlon）

伤残铁人三项是专门针对残疾运动员而设置的比赛项目，参赛运动员只需要完成 750 米游泳，20 千米自行车，5 千米跑的铁人三项半程赛就可以了。

冬季铁人三项（Winter Triathlon）

冬季铁人三项和铁人三项的比赛项目和距离一样，唯一不同的是在不同的季节举行，并在服装上（保暖衣）稍有不同。

室内铁人三项（Indoor Triathlon）

室内铁人三项就是在梯云场馆内部举行的同一人三项项目的比赛形式之一。

越野铁人三项（Cross Triathlon）

在自然界野外举行的铁人三项比赛形式之一，近年来比较流行。

装　备

合法装备（Legal Equipments）

铁人三项比赛的合法装备是指符合国际铁联竞赛规则的装备。

非法装备（Illegal Equipments）

不符合国际铁联竞赛规则的装备一律被视为非法装备，不准在比赛中使用。

比赛服（Uniform）

铁人三项的比赛服是指得到国际铁联认可，并同时适应游泳、自行车和长跑三个项目比赛的比赛服装。

防寒泳衣 （Wetsuit）

铁人三项规定，在特殊情况下（如水温较低）可以使用防寒泳衣，但防寒泳衣必须经过国际铁联的检测和认可。

泳帽 （Swim Cap）

在铁人三项赛的游泳段比赛中，运动员必须使用泳帽。国际铁联规定，泳帽必须符合国际泳联和铁联的相关规定。

泳镜 （Goggle）

泳镜是游泳运动中的一种器材，使用时紧扣于眼部，可以在水下看清东西的同时防止泳水入眼。在铁人三项比赛中，运动员使用的泳镜必须符合国际泳联和铁联的竞赛规则。

竞　赛

尾随 （Draft / Drafting）

在自行车段比赛中跟在前方运动员的尾随区内，称尾随。只有在允许尾随的比赛中才能尾随，否则将会被判犯规。

阻挡 （Block）

处于领先位置的运动员挡住落后运动员超越的路线，不让其超越自己，是犯规行为，要受到处罚。

超越 （Overtake）

落后运动员加快速度，超越领先自己的运动员，称超越。

自行车尾随区 （Bike Draft Zone）

自行车尾随区为长方形区域，宽 3 米、长 12 米，以运动员自行车前轮前边缘在地面上的投影为此长方形区域前面一条 3 米边的中点。

机动车尾随区 （Vehicle Draft Zone）

机动车尾随区为自行车赛段所有机动车周围 35 米、长 5 米宽的长方形区域。以机动车前沿为基准，确定此长方形区域前面一条 5 米边的中点。

领先集团 （Leading Pack／Group）

领先集团是指在比赛中处于领先地位的那些运动员。

追赶集团 （Chasing Pack／Group）

追赶集团是指在比赛中处于落后地位，努力追赶领先集团的那部分运动员。

被套圈 （Lapped）

被套圈是指在自行车和长跑比赛中，落后于领先运动员一圈。按照规定，被套圈的运动员必须退出比赛。

犯规 （Violation）

犯规是指在比赛中不遵守比赛规则的行为，须受到相应的处罚。

非法援助（Illegal Assistance）

非法援助指运动员在比赛中违反比赛规则，获得观众或其他人员的援助，是一种犯规行为。

警告（Warning）

警告是对犯规运动员采取的一种处罚形式，一般以口头警告为主。

时间处罚（Time Penalty）

时间处罚是在比赛当中裁判对运动员采取的一种处罚措施，有时称"停走"。此时，运动员根据处罚轻重，必须进入他的维修站并待10～15秒钟。实际上由此耽搁的时间决不止10～15秒，一般会慢25～40秒。

第一换项（Transition 1）

在铁人三项比赛中，第一换项是指运动员结束游泳段的比赛，开始自行车段比赛的中间过程。比赛设有专门的转换区，换项须在转换区内完成。

第二换项（Transition 2）

在铁人三项比赛中，第二换项是指运动员结束自行车段的比赛，开始长跑段比赛的中间过程。比赛设有专门的转换区，换项须在转换区内完成。

PART 8 裁判标准

一般性规定

1. 违反国际铁联竞赛规则的运动员将受到口头警告、时间处罚、取消比赛资格、停赛或者禁赛的处罚。

2. 运动员的犯规性质将决定处罚方式。

3. 停赛和禁赛处罚将在运动员严重违反竞赛规则或国际铁联反兴奋剂规则时使用。

4. 处罚的理由：运动员犯规将得到口头警告、时间处罚或取消比赛资格的处罚。

5. 即使某项具体的犯规行为未列入比赛规则，如果技术官员认为运动员非法获利或故意制造了危险的状况，则技术官员有权实施处罚。

口头警告

1. 警告的目的是为了提醒运动员可能会出现犯规行为，以及促使技术官员形成更具"前瞻性"的执裁态度。

2. 出现以下情况给予口头警告：

（1）运动员无意中犯规。

（2）技术官员认为犯规行为将要发生。

（3）运动员没有通过犯规获利。

3. 技术官员以吹口哨的形式警告，必要时可以命令运动员停止比赛，改正行为后再继续比赛。

时间处罚

1. 在对运动员做出更严厉的判罚之前，技术官员无须先给予警告。

2. 时间处罚适用于轻度违规。

3. 时间处罚将在规定的处罚区或转换区进行。

4. 时间处罚的判罚程序：

技术官员可决定给予运动员警告，如果时间和条件允许，技术官员将按照以下程序给予时间判罚：吹口哨或喇叭；出示黄牌；呼叫运动员的号码（用英语），同时说"Time Penalty"（"时间处罚"）；出于安全原因，技术官员可推迟处罚。

另一种处罚方式是，犯规运动员的比赛号码将被张贴在处罚区入口处，运动员有责任检查处罚区的公告牌上是否有自己的比赛号码。

5. 时间处罚的程序：

（1）当运动员被技术官员出示黄牌后，应听从技术官员的指示。

（2）转换区的时间处罚（适用于在此之前的犯规行为）：技术官员将手持黄牌，在犯规运动员的自行车位置上等待，运动员抵达后，技术官员要求其停止比赛，并不得接触任何比赛装备。

运动员一旦站定，技术官员即开始计时。处罚时间结束后，技术官员说"Go"（"走"），运动员方可继续比赛。

（3）自行车处罚区的时间处罚（适用于不允许尾随的比赛中自行车赛段的犯规行为）：技术官员将要求运动员到下一个处罚区报到，并听从处罚区技术官员的指示。接到通知的运动员有义务自行到下一个处罚区报到。自行车处罚区不张贴被处罚的运动员号码。

犯规运动员将进入下一个处罚区并告知技术官员自己的身份和号码。处罚时间从运动员进入处罚区开始计算，当技术官员说"Go"（"走"）处罚时间结束，运动员方可继续比赛。

（4）跑步处罚区的时间处罚（适用于允许尾随的比赛中第一换项、自行车赛段、第二换项和跑步赛段的犯规行为和所有比赛中第二换项和跑步赛段的犯规行为，不允许尾随的分龄组比赛除外）：犯规运动员的号码将在处罚区前的公告牌上清楚地张贴。犯规运动员进入处罚区，并通知相关技术官员自己的身份和号码。处罚时间从运动员进入处罚区开始计算，当技术官员说"Go"（"走"）处罚时间结束，运动员方可继续比赛。

已接受处罚的运动员的号码将从公告牌上删除。犯规运动员可在跑步赛段的任何一圈接受处罚。

在接力比赛中，队伍中任何未完成自身赛段的运动员均可以代表本队接受处罚。

犯规处罚通知必须在运动员完成跑步比赛前半程期间公布在公告牌上，之后公布的无效。

取消比赛资格

概述

1. 取消比赛资格是对运动员严重犯规行为，例如（但不仅限于）反复尾随犯规或危险的、违反体育道德行为的处罚。

2. 对于分龄组和伤残组运动员，当"时间处罚"累积达到以下次数时可以取消比赛资格：

（1）在标准距离或短距离比赛中 2 次时间处罚。

（2）中长距离比赛中 3 次时间处罚。

判罚

1. 如果时间与条件允许，技术官员将按照以下程序给予取消比赛资格的处罚：吹口哨或喇叭；出示红牌；呼叫运动员的号码（用英语），同时说"Disqualified"（"取消比赛资格"）。

出于安全原因，技术官员可推迟处罚。

2. 另一种处罚方式是，犯规运动员的比赛号码将被张贴在终点后的区域。

3. 判罚取消比赛资格后的处理程序：运动员被判罚取消比赛资格后，也可以继续完成比赛，但所取得成绩不计入个人积分，也不参与本场比赛评比。

停　赛

概述

1. 停赛适用于欺骗行为、十分严重的犯规行为，例如（但不仅限于）反复的危险动作或违反体育道德行为。

2. 在停赛期间，运动员不得参加国际铁联比赛或者国际铁联会员协会批准的比赛。

判罚

1. 裁判长将口头或通过公告板（如果无法口头通知）通知运动员或其协会，告知已就其犯规行为向国际铁联执行委员会报告，并有可能导致其被停赛。

2. 裁判长将向国际铁联执委会提交包括所有犯规细节及建议停赛原因的报告。这份报告应在赛后一周内提交至国际铁联秘书长。

3. 停赛决定由国际铁联执委会签发，根据犯规行为的性质，停赛期可从 3 个月至 4 年。

4. 因使用违禁药物而停赛：如果停赛是因为使用违禁药物，运动员将不能参加任何其他被国际铁联、国际奥委会、国际体育单项联合会总会认可的国际体育组织所管辖项目的赛事。

5. 处罚的通知：

（1）运动员被停赛，国际铁联主席会在 30 天之内以书面形式通知其所属会员协会。

全民阅读 体育知识读本

（2）所有被停赛的运动员将通过国际铁联通讯公布，同时报国际奥委会和国际体育单项联合会总会。

终身禁赛

概述

1. 被终身禁赛的运动员终身不得参加国际铁联比赛或者国际铁联会员协会批准的比赛。

2. 判罚终身禁赛的理由：

（1）反复的被判罚停赛的犯规行为。

（2）因使用违禁药物而终身禁赛：如果终身禁赛是因为使用违禁药物，运动员将不能参加任何其他被国际铁联、国际奥委会、国际体育单项联合会总会认可的国际体育组织所管辖项目的赛事。

3. 处罚的通知：

（1）如果一名运动员被停赛或禁赛，则国际铁联主席将在 30 天内以书面方式通知其所属会员协会。

（2）所有被禁赛的运动员将通过国际铁联通讯公布，同时报国际奥委会和国际体育单项联合会总会。

申诉权和复赛

申诉权限

被指控犯规的运动员有申诉的权利。申诉是指对裁判长（一级申诉）、仲裁委员会（二级申诉）或国际铁联执委会（三级申诉）的判决提出重新审查的请求。

申诉级别

一级申诉

一级申诉应遵循以下程序和原则：

1. 会员协会代表或运动员可针对裁判长的判罚结果向仲裁委员会提出申诉。申诉表格可从裁判长处领取。

2. 书面申请由申请人签字并提交给裁判长，每次申诉应交纳申诉费 50 美元或等额现金，如果申诉成功此费用将退还申诉人，若申诉不成功则不予退还并由国际铁联保留。

3. 运动员或会员协会代表针对裁判长决定的申诉应在他（她）完成比赛后 5 分钟内提交给裁判长。如果在此期间产生申诉，则申诉时限可延长 15 分钟。团体比赛以全队完成时间为依据。

4. 裁判长将在终点的公告牌上公布申诉。

5. 申诉内容须包含：比赛名称、地点、日期、申诉人姓名、地址、电话、传真、电子邮件、证人姓名、申诉所针对的决定、犯规情况、申诉内容摘要等。

6. 原告和被告或各自国家（地区）代表必须出席听证会。如果原告没有出席听证会，则听证会可延期或取消。仲裁委员会将决定上述人员的缺席是否有效。

7. 任何一方当事人缺席听证会，仲裁委员会均有权在该方缺席的情况下做出裁决。

8. 经仲裁委员会主席认可，原告或被告可由其代表出席听证会。

9. 听证会不公开举行。

10. 由仲裁委员会主席宣读申诉书。

11. 应给予原告和被告充分的时间陈述本方观点。

12. 双方证人各有 3 分钟时间陈词。

13. 仲裁委员会将根据各方证词，按简单多数原则做出裁决。

14. 裁决立即公布，并以书面形式通知各当事人。

二级申诉

二级申诉应遵循以下程序和原则：

1. 针对仲裁委员会决定提出的申诉，应由本人签字并在仲裁委员会做出决定后 30 日内提交给国际铁联秘书长。

2. 秘书长将在 4 天之内与有关各方进行沟通。

3. 在比赛仲裁委员会中任职的执委会官员在此申诉处理过程中将回避。

4. 在接到申诉的 7 天之内，国际铁联执委会将会提名一个由其成员组成的 3 人调查小组。

5. 在 3 人调查小组被提名之后的 10 天之内，其中 1 名或多名成员将召集以下人员进行听证，可以采用电话会议或视频会议的形式：申诉人、被告、技术代表（如果需要）、比赛仲裁委员会（如果需要）和其他由仲裁小组决定的当事人。

6. 任何一方当事人缺席听证会，仲裁小组均有权在该方缺席的情况下做出裁决。

7. 听证会由调查小组与各有关方面以一对一交流的方式进行。

8. 听证会进程由调查小组决定。

9. 调查小组有权分析、调查任何相关的文档、录像、录音或证据。

10. 在最后一次听证会结束的 10 天之内，调查小组将向执委会提交决定意见。

11. 调查小组的意见将与所有相关证据一起，发送给所有参与申诉处理程序的当事人。

12. 在接到调查小组的意见后 7 天之内，即将受到制裁的任何方面均有权通过提交证据和意见等为自己辩护。

13. 在接到仲裁小组的意见后 10 天之内，执委会将做出裁决，在此期间有关方面提交的材料也将被执委会一并考虑。

14. 在执委会做出裁决后，将立即以书面形式向各方传达。

三级申诉

对国际铁联执委会的判决结果有异议可在国际铁联执委会作出裁决后的 30 日内，申诉至瑞士洛桑的国际体育仲裁法庭，并作为最终的解决方式，而不可向普通民事法庭提出诉讼。国际体育仲裁法庭做出的裁决为最终裁决，对当事各方有效。

复赛

停赛期满后，运动员必须向国际铁联执委会提出恢复参赛的申请。

中国铁人三项比赛犯规行为和处罚细则

犯规行为	处罚方式
1. 48 小时内参加两场或两场以上同一个分项的比赛	取消此期间所有赛事成绩
2. 抢跳（跑）	• 停－走 • 第一换项时 15 秒时间处罚
3. 不按规定路线比赛	停－走，原路返回重新进入比赛路线，否则取消比赛资格
4. 不文明语言或行为	取消比赛资格并向执委会报告，决定是否给予停赛
5. 违反体育道德行为	取消比赛资格并向执委会报告，决定是否给予停赛
6. 阻挡或阻碍其他运动员比赛	非故意：口头警告 故意：取消比赛资格
7. 不公平的身体接触：当几名运动员同时进入一个狭小的区域时，身体接触就可能发生，运动员之间在同等位置条件下的无意身体接触不构成犯规	非故意：口头警告 故意：取消比赛资格
8. 接受非技术官员或竞赛管理人员协助	如果可以纠正：停－走处罚 否则：取消比赛资格
9. 不遵从技术官员或竞赛管理人员的指示	取消比赛资格

犯规行为	处罚方式
10. 出于安全原因离开比赛路线，但未原路返回	非故意：口头警告，尽可能纠正 在自行车赛段，如运动员已获利： －分龄组：第二换项时 30 秒时间处罚（长距离） －分龄组：第二换项时 15 秒时间处罚（标准距离） －分龄组：第二换项时 10 秒时间处罚（短距离） －优秀组：处罚区 30 秒时间处罚（长距离） －优秀组：处罚区 15 秒时间处罚（标准距离） －优秀组：处罚区 10 秒时间处罚（短距离和接力）
11. 错误使用比赛号码（比赛号码由当地组委会提供，由技术代表在运动员技术会上宣布使用方式）	纠正后：停－走处罚 否则：取消比赛资格
12. 故意将个人物品丢弃在赛道上，如轮胎、塑料瓶等应安全地放至赛道外	纠正后：停－走处罚 否则：取消比赛资格
13. 在指定地点（如补给站和垃圾站）之外的比赛路线上随意丢弃垃圾和装备	纠正后：停－走处罚 否则：取消比赛资格
14. 使用危险化比赛装备	纠正后：停－走处罚 否则：取消比赛资格
15. 使用非法比赛装备，并由此获利或对他人构成危险	纠正后：停－走处罚 否则：取消比赛资格
16. 违反比赛特殊的交通规则	非故意：口头警告，尽可能纠正 故意：取消比赛资格
17. 优秀组、23 岁以下组、少年组和青年组在国际铁联批准的比赛中故意同时冲过终点	取消比赛资格
18. 运动员未参加技术会且未向技术代表请假	从出发名单除名

犯规行为	处罚方式
19. 迟到或未出席技术会但向技术代表请假的运动员	转移到出发名单上的最后一位
20. 参加世界铁人三项系列赛和世界杯赛的运动员，如果在同一年内缺席技术会超过三次或三次以上，无论是否向技术代表请假	取消随后缺席技术会的每场比赛资格
21. 检录结束后，更换比赛服	取消比赛资格
22. 提供虚假报名资料或信息	取消比赛资格并向执委会报告，决定是否给予停赛
23. 在未取得参赛资格情况下参赛	取消比赛资格并向执委会报告，决定是否给予停赛
24. 反复违反竞赛规则	取消比赛资格并向执委会报告，决定是否给予停赛
25. 使用兴奋剂	根据世界反兴奋剂组织规则处罚
26. 特别严重的违反体育道德的行为	终身禁赛
27. 裸露躯干比赛	纠正后：停 – 走处罚 否则：取消比赛资格
28. 外力协助为其他运动员提供整辆自行车，车驾，车轮，头盔，骑行鞋，跑鞋或任何其他装备，并导致其自身无法继续比赛。	取消两名运动员的比赛资格
29. 选定出发位置后变更	警告，纠正 否则：取消比赛资格

犯规行为	处罚方式
30. 占用两个或两个以上出发位置	取消比赛资格
31. 在自行车赛段不使用自行车比赛	纠正后：停－走处罚 否则：取消比赛资格
32. 下流行为	取消比赛资格
33. 在短距离不允许尾随的比赛中尾随	第一次：处罚区内 1 分钟时间处罚 第二次：取消比赛资格
34. 在标准距离不允许尾随的比赛中尾随	第一次：处罚区内 2 分钟时间处罚 第二次：取消比赛资格
35. 在长距离不允许尾随的比赛中尾随	第一次和第二次：处罚区内 5 分钟时间处罚 第三次：取消比赛资格
36. 未按要求在下一个处罚区接受处罚	取消比赛资格
37. 在自行车赛段头盔未扣紧	纠正后：停－走处罚 否则：取消比赛资格
38. 自行车赛段摘掉头盔，即使已停下	纠正后：停－走处罚 否则：取消比赛资格
39. 自行车赛段不戴头盔	取消比赛资格
40. 跑步赛段爬行	取消比赛资格
41. 跑步赛段不穿跑鞋	取消比赛资格
42. 与领先一圈或一圈以上的运动员一起跑步（适用于优秀组、23 岁以下组、青年组、少年组和伤残组运动员）	纠正后：停－走处罚 否则：取消比赛资格
43. 跑步赛段戴头盔	取消比赛资格

犯规行为	处罚方式
44. 未将自行车停放在自己的位置上	赛前：警告处罚并纠正 赛中： – 分龄组停 – 走处罚并纠正 – 优秀组：处罚区 30 秒时间处罚（长距离） – 优秀组：处罚区 15 秒时间处罚（标准距离） – 优秀组：处罚区 10 秒时间处罚（短距离）
45. 当完成第一赛段比赛时，转换区内头盔搭扣处于扣紧状态	解下头盔，并在第一换项时给予 15 秒时间处罚（任何比赛距离）
46. 上车线之前上车	– 分龄组停 – 走处罚并纠正 – 优秀组：处罚区 30 秒时间处罚（长距离） – 优秀组：处罚区 15 秒时间处罚（标准距离） – 优秀组：处罚区 10 秒时间处罚（短距离）
47. 下车线之前下车	– 分龄组停 – 走处罚并纠正 – 优秀组：处罚区 30 秒时间处罚（长距离） – 优秀组：处罚区 15 秒时间处罚（标准距离） – 优秀组：处罚区 10 秒时间处罚（短距离和接力）
48. 将比赛装备放置在非指定位置	– 分龄组停 – 走处罚并纠正 – 优秀组：处罚区 30 秒时间处罚（长距离） – 优秀组：处罚区 15 秒时间处罚（标准距离） – 优秀组：处罚区 10 秒时间处罚（短距离和接力）
49. 在弯道处借助杆、树等建筑物物体转动	– 优秀组：处罚区 30 秒时间处罚（长距离） – 优秀组：处罚区 15 秒时间处罚（标准距离） – 优秀组：处罚区 10 秒时间处罚（短距离和接力）
50. 团体接力赛未在接力区完成接力	取消比赛资格
51. 在其他组别比赛时在比赛路线上热身	警告并纠正 否则：取消比赛资格

犯规行为	处罚方式
52. 在不允许使用防寒泳衣以及自行车和跑步比赛中，使用覆盖整个手臂和小腿的比赛服	警告并纠正 否则：取消比赛资格
53. 在自行车和跑步赛段使用非法比赛装备，包括并不仅限于：耳机、玻璃容器、手机、不符合规则的比赛服	警告并纠正 否则：取消比赛资格
54. 在转化区做标记	警告并纠正 否则：移除标记且不通知运动员
55. 停赛期间参加比赛	取消比赛资格，报告执行委员会延长停赛时间或禁赛
56. 在颁奖仪式上进行埋伏式营销	没收在比赛中获得奖金
57. 分龄组或伤残组在标准距离和短距离比赛中累计获得2次时间处罚。	取消比赛资格
58. 分龄组或伤残组运动员中，在中、长距离比赛中累计获得4次以上时间处罚	取消比赛资格

PART 9 竞赛组织

主要竞赛组织

国际奥委会 （IOC）

国际奥委会，全称国际奥林匹克委员会，于 1894 年成立于法国巴黎，后迁往瑞士洛桑，是组织和举办奥林匹克运动会的最高国际组织。2000 年，铁人三项正式成为奥运会比赛项目。在奥运会上，铁人三项须遵守国际奥委会的规定，并接受该组织的领导。

反兴奋剂组织 （WADA）

反兴奋剂组织，全称世界反兴奋剂组织，于 1999 年 11 月 10 日在瑞士洛桑成立，是国际奥林匹克委员会下设的一个独立部门。

兴奋剂违反运动暨医学伦理，也违反奥林匹克的活动规范，甚至危害运动员及一般青年的身体健康，所以包括铁人三项在内的项目均不允许运动员使用兴奋剂。反兴奋剂组织是专门督查和管理违禁药品使用情况的国际组织。

国际铁人三项联盟（ITU）

国际铁人三项联盟于 1989 年成立，是旨在推动铁人三项和两项（自行车和长跑）发展的国际体育组织，也是夏季奥运会项目国际单项体育联合会协会的成员和国际单项体育联合会总会的成员。

国际游泳联合会（FINA）

国际游泳联合会，全称国际业余游泳联合会，简称国际泳联。1908年由比利时、丹麦、芬兰、法国、德国、英国、匈牙利和瑞典等国倡议成立。国际泳联是国际单项体育联合会总会成员，任务是确定奥运会和其他国际比赛中游泳、跳水、水球和花样游泳的规则，审核和确认世界纪录，指导奥运会中的游泳比赛。国际泳联对游泳比赛的规定同样适用于铁人三项游泳段比赛。

国际自行车联盟（UCI）

国际自行车联盟，简称国际自联，成立于 1900 年 4 月 15 日，是世界自行车运动的领导组织。该组织的任务是确定奥运会和其他国际比赛中涉及自行车的规则，审核和确认世界纪录，指导奥运会中的自行车比赛。国际自联对自行车比赛的规定同样适用于铁人三项自行车赛段比赛。

国际田径联合会（IAAF）

国际田径联合会，简称国际田联，是一个国际性的田径运动的管理组织。该组织成立于 1912 年 7 月，总部设在摩纳哥。国际田联的任务是在世界上开展田径运动，制定国际比赛的章程和规则，解决在田径运动中出现的有争议的问题，与奥运会组委会合作举办田径比赛，确认世界纪录。它对长跑的规定同样适用于铁人三项长跑赛段比赛。

亚洲铁人三项联合会（ASTC）

亚洲铁人三项联合会是铁人三项运动在亚洲的最高领导组织。1991年6月29日，该组织在中国的倡导下成立，中国的楼大鹏担任亚铁联首届主席。

中国铁人三项运动协会（CTSA）

中国铁人三项运动协会是国际铁人三项联盟、亚洲铁人三项联合会认可的代表中国参加其活动的唯一合法组织。该组织代表国家体育总局负责对中国大陆范围内铁人三项运动实施全面管理，包括项目推广与发展、人才培养、铁人三项国家集训队的组织与管理、全国以上级赛事组织与管理以及国际交流等。

顶级赛事

国际铁联世界锦标赛（ITU World Championships）

国际铁联世界锦标赛始于1989年，每年一届，国际积分排名前100位的选手必须参赛。2009年，国际铁联对现有的铁人三项赛事系统进行了改革，减少了每年世界杯的场次，增加了铁人三项世界锦标赛系列赛高级赛事系统，全年加最终的总决赛共有8站，比赛不仅奖金更高，而且对赛事的组织也要求很高，承办赛事的城市必须有过多次举办铁人三项国际比赛、世界杯赛的经验。

国际铁联世界杯系列赛（ITU World Cup Series）

铁人三项世界杯赛是国际铁人三项联盟举办的仅次于世锦赛的 B 级赛事，是每年一度在世界各地举行的铁人三项系列赛，每年 5~6 站比赛。运动员按每站的积分参加最后决赛，最低奖金是 10 万美元。该赛事也可作为奥运会的资格赛。

赛事组织编排

竞赛组织机构和职责

办公室

（1）制定大会文件、竞赛规程、赛会通知、补充通知等。

（2）召集有关会议，下达任务，协助竞委会工作。

（3）接受运动员报名和资格审查。

竞赛处

（1）编排比赛日程，编印秩序册、成绩册、成绩公告。

（2）印制竞赛用的各种表格。

（3）安排各参赛队赛前场地的适应性练习。

（4）在联席会上通报比赛中有关执行规则要求。

（5）检查场地和器材。

（6）比赛期间及时登记和公布当天的比赛成绩。

（7）协助裁判长组织裁判员学习。

（8）遇特殊情况要协助裁判长通知各队比赛更改比赛时间、日期和赛场。

仲裁委员会

仲裁委员会一般由 3~5 人组成，主要职责有：负责处理比赛中发生事端及纠纷；协助竞委会审查报名队和队员的资格；负责复审比赛期间执行规则、竞赛规程中发生的纠纷；对受理的申诉、控告等及时处理，不影响比赛正常进行。

宣传处

宣传处的职责有：协助竞委会筹备和召开新闻发布会的工作；组织整个比赛的宣传报道工作；组织评定体育道德风尚奖的团体和个人。

总务处

总务处负责大会的接待、交通、食宿、票务、医务等工作。

保卫处

保卫处负责大会期间的各项安全，其中包括运动员和裁判员等大会人员的驻地安全；维护比赛场地秩序。

组织程序

通常来说，体育竞赛的组织工作可分为赛前、赛期和赛后三个阶段。

赛前阶段的程序工作

（1）制定竞赛规程。

竞赛规程一般由竞赛主办单位根据竞赛的目的、性质、规模、时间和场地设施等情况来制定。其内容主要包括竞赛名称、目的、日期、地点、竞赛项目、竞赛办法、报名资格、报名人数、报名截止时间、报到日期、录取名次、采用的竞赛规则以及其他补充规定，如参赛人员的资格等。

竞赛规程要做到概念清晰、用语恰当、要求明确，并在比赛前尽早地发给各参赛单位，以便做好准备。竞赛规程一般应提早至少一个月发送到各参赛单位。

（2）准备场地器材。

赛前要准备好场地、器材，且场地、器材应符合比赛要求。

（3）接受报名。

报名表收到后，应逐项审核是否合乎规程和填表要求。如有问题，必须立即与有关单位联系解决。审核完的报名表应及时填入"报名汇总表"，并在报名表汇齐后迅速提供参加各项比赛的队（人）数、领队和教练员的姓名、运动员号码对照表，并将其作为抽签、编排比赛次序和编制次序册的依据。报名汇总表必须反复审核，做到准确。

如已经寄出报名单的单位，在抽签之前要求更换运动员或配对，应予同意。但应由该单位提出书面申请。

（4）组织抽签。

（5）编排竞赛次序。

（6）印发次序册。

次序册是各运动队参加比赛和各有关部门开展工作的主要文件依据。其内容一般包括竞赛规程，组织委员会名单，裁判员名单，领队、教练员名单及运动员姓名号码对照表，竞赛日程，团体比赛次序表，单项比赛次序表，场地平面图等。

（7）安排赛前练习。

参赛者到达比赛场地后，一般对当地的气候、场地等比赛环境有一个适应过程。因此，竞赛的主办单位必须在规定的报到日期至比赛开始前的这段时间里安排练习场地，以供参赛者练习，适应比赛环境。一般的做法是：参赛者报到后，主办单位应立即发给赛前练习日程表，使之尽早参加赛前练习。赛前练习日程表，应尽早发给场地、交通、生活、竞赛等有关部门，或在练习场地宣告栏上张贴一份，便于各部门密切协作。

安排赛前练习时，应尽量使各参赛者练习机会均等，对各参赛者提出的某些合理要求也应尽可能予以满足。

赛期阶段的程序工作

本阶段的主要工作是记录和公布成绩。

较大规模的竞赛应设立记录组。记录组的任务是负责审核记分表，并迅速公布比赛成绩和记录比赛结果。

赛后阶段的程序工作

（1）编印成绩册。

成绩册是竞赛工作的重要资料，同时也可为今后举办竞赛提供依据和参考。成绩册的内容主要是各个竞赛项目的比赛成绩，其成绩应与记分表中的原始记录完全一致。

（2）竞赛资料归档。

竞赛活动结束后，应及时将各种文件、通知、方案、表格等竞赛资料整理归档，以便总结工作，并为今后组织竞赛提供参考。

确定竞赛办法

竞赛规程所规定的竞赛办法一般是原则上的，因为实际报名情况和比赛条件的变化与制订规程的主观设想常常会出现差距。如果规程对竞赛办法规定得太死板、太具体，就可能会给竞赛工作带来困难。正由于规程对竞赛办法的规定比较原则，因而更需要吃透规程的基本精神，并根据报名和比赛场地等情况，制定出具体的竞赛办法。

铁人三项运动的组织编排

男子比赛和女子比赛一般都是一次性地在同一路线上分别举行。在编排的时候，需要注意将男子组比赛和女子组比赛的时间错开。

个人赛

游泳出发

1. 出发位置抽签：

（1）参加铁人三项世界杯赛和世界锦标赛的优秀组运动员根据他们当时的世界排名顺序抽签决定出发位置。

（2）前10名的运动员首先选取各自的出发位置。

（3）前10名运动员全部选定出发位置后，剩余的位置将公布出来。

（4）前10名运动员的具体位置直到抽签结束、所有运动员的位置均选定后，方可公开。

（5）如果运动员不参加出发位置抽签，组织者将在所有在场运动员都选定位置后，决定缺席运动员的出发位置。该运动员将获得剩余位置中最末的位置。

（6）不允许在出发浮桥上向左右或后方移动，这样做是危险的，运动员只能向前方移动，违反此规则将受到处罚。

2. 男子、女子优秀组、23岁以下组、青少年组比赛完全分开进行，前一个组别结束和后一个组别开始的间隔时间至少为30分钟。

3. 每一组游泳出发前由游泳裁判长最后讲解游泳比赛注意事项。

4. 优秀组、23岁以下组、青少年组和分龄组出发规定：

（1）游泳比赛应按照场地、技术部门说明的要求，从结构牢固的平台跳水出发。在任何情况下都不允许采用从岸上跑动入水的出发方式。

（2）泳帽的两边都应标有运动员的号码。

（3）每一拨出发运动员的人数限制为：

优秀组：男子组每一拨限制在75人；女子组每一拨限制在75人。

23 岁以下组：男子组每一拨限制在 75 人；女子组每一拨限制在 75 人。

青少年组：男子组每一拨限制在 75 人；女子组每一拨限制在 75 人。

分龄组：分龄组每拨出发人员不得超过 150 人。

（4）分龄组出发时间由技术代表根据游泳路线和参赛运动员人数决定；每一拨出发入水的运动员应佩戴不同颜色的泳帽；运动员可以采用水中出发的形式。

转换区

1. 优秀组转换区设置：

（1）按照场地技术要求设置转换区，确保每一个运动员有 0.75 米的空间。

（2）优秀组运动员在转换区的排列位置根据他们的排名决定，排名第一的运动员将排在最靠近自行车出口的位置。

（3）自行车架设置在转换区的两侧，左右轮流排号，奇数号和偶数号各一排。

（4）转换区内应标明运动员的姓名、国旗或者国别的英文缩写及比赛号码。标志应便于观众观看，并且不干扰运动员的比赛。

（5）为运动员提供自行车换项箱，用于盛放运动员装备。转换区内必须铺设地毯。

（6）转换区的出口和入口应使用带有比赛标志的 3.5 米高的柱体或门架明显标志。

2. 23 岁以下组/青少年组转换区设置：

（1）青少年运动员在转换区的位置由技术代表主持抽签仪式，由各会员协会抽签决定。要为每一个运动员提供至少 0.75 米的空间。

（2）自行车架设置在转换区的两侧，左右轮流排号，奇数号和偶数号各一排。

（3）为运动员提供自行车换项箱，用于盛放运动员装备。

3. 分龄组转换区设置：

（1）分龄组运动员在转换区的排列顺序根据他们游泳出发的顺序决定。每名运动员至少0.60米的空间。

（2）自行车架各排应清楚标志，自行车位应使用标有运动员号码的10厘米×10厘米的卡片标志。

（3）转换区的设计要保证所有的运动员无车跑的距离相等，要保证运动员不会交叉穿行。

（4）转换区内的地面应平整、无杂物和障碍物，转换区出口应设饮水站。

自行车路线

1. 优秀组自行车路线：

（1）优秀组自行车路线应不少于6圈，最多为8圈。

（2）自行车路线应有一定的技术难度，含有坡路和弯道，不设计180度折返。

（3）如设计往返路线，则应有至少1米宽的缓冲区、草坪或混凝土隔离带将自行车的去程和回程隔离开，否则不允许使用往返路线。

（4）自行车路线的宽度应至少为5米，路线要避开铁轨、桥洞、吊桥等。自行车赛段禁止交叉穿行。

（5）进出转换区沿途应使用至少400米长的安全栅栏加以防护。

2. 分龄组自行车路线：

（1）分龄组自行车路线可以设计为往返路线。

（2）如果路线为多圈形式，圈数应不超过3圈，并保证比赛的安全和公平。

2. 备用车轮站（优秀组）：

（1）至少设置2个备用车轮站，由技术代表决定备用车轮站的位置。分龄组不设备用车轮站。

（2）运动员至少在比赛开始前的30分钟将车轮运送至备用车轮站。

（3）备用车轮站设裁判检查。备用车轮站需设安保。

跑步路线

跑步路线要求路面平整、宽度不少于3米、无交叉，并要对其他车辆封闭。

团体赛

比赛形式

团体最多可由5名运动员组成，可以是男、女优秀组、青少年组或分龄组的运动员。从游泳出发至跑步结束以团体为单位计时。自行车路线必须具备一定的难度，但技术性不应很强。比赛路线必须完全封闭。

距离

比赛距离是：游泳0.75千米、自行车20千米、跑步5千米。

计时

（1）比赛路线上不同的点都要计分段成绩，并播报给运动员和观众。

（2）使用电视大屏或计分板公布分段成绩和临时排名。

（3）完成时间要精确至千分之一秒。如果成绩相同，则跑步成绩较好者列前。

（4）以第三名到达终点的运动员的完成时间计成绩。

（5）如果同一个队的运动员之间到达终点的时间差超过30秒，则该队将被取消比赛成绩。

（6）离开转换区和到达终点的第三名运动员可以不是同一个人。

队长

每个参赛队必须任命一名队长，负责整个队的指挥。领队除了在指定的教练区外不能进入到比赛路线上。

游泳

出发

每 2 分钟出发一队，直到还有 10 个队伍，后 10 个队每 3 分钟出发一队。各队出发时间间隔可由技术代表进行调整。

出发顺序

出发顺序以上届比赛的名次为依据。新的队伍出发顺序由技术代表在赛前技术会上抽签决定。

出发前的准备

（1）所有队伍必须在他们各自实际的出发时间前 5 分钟全体到达起点线。

（2）队伍的 5 名成员必须同时出发，迟到队伍的成绩按照其预定出发时间计。

终点

游泳分段成绩以第三名出水的运动员的完成时间计算。

转换区

（1）应为 5 名运动员提供足够大的空间，包括将每两排自行车架之间的距离从 3 米增加到 5 米，并为每名运动员提供至少 1.5 米的空间。

（2）各队在离开转换区时应至少有 3 名队员。检查点位于实际上车线前 15 米处。

自行车

（1）各队运动员集体骑行，可以相互尾随。

（2）在超越的情况下，各队不允许领骑、帮助或通过正在超越的队伍获取帮助。

（3）落单的队员不允许领骑、帮助或通过正在超越的其他队伍获取帮助。

（4）同一队伍成员之间可以相互帮助，如食品、饮料和维修等。

（5）被超越的队伍应在 1 千米之内与前方队伍拉开 25 米的距离。违反此规则将被取消比赛资格或受到时间处罚。

跑步

出发

各队在离开转换区时应至少有 3 名队员，检测点位于距转换区出口 15 米处。与本队差距超过 45 秒的队员不得开始跑步比赛。

协助

本队运动员之间可以相互帮助，如拉、推或扶。

终点

每队必须至少有 3 名运动员完成比赛，每两名运动员成绩之间的时间差不能超过 30 秒。

接力赛

比赛形式

接力赛以队为单位、由 3 名不同的运动员组队参加，每名运动员完成其中的一项，3 名运动员连续一次性完成整个比赛，以最后一名运动员到达总终点的次序计名次。

接力区

运动员之间的交接在接力区内进行。前一名完成比赛的运动员应将比赛号码或计时环等交给本队下一名参赛运动员。每个队使用同一个比赛号码、同一个计时环。

队伍组成

每队由 3 名运动员组成，3 人中必须有 1 人为异性（即 2 男 1 女或 2 女 1 男）。

铁人三项比赛排定名次的方法

个人赛

1. 同步计时和成绩

正式成绩册的制作必须符合国际铁联的标准。分段成绩包括：

（1）游泳比赛时间或第一赛段时间。

（2）自行车比赛时间（含游泳－自行车、自行车－跑步2个换项时间）。

（3）跑步比赛时间。

（4）总时间。

2. 名次确定

先到达终点者名次在前，按成绩依次排定名次。

团体赛

（1）团体名次将按各队参赛队员的前3名完成比赛全程时间的总和排定，时间少者名次列前。

（2）如果两队总时间相同，以本队第三名运动员完成比赛全程时间判定，时间少者名次列前。

接力赛

（1）以3名运动员完成各自比赛的时间之和（总时间）计为比赛成绩。

（2）比赛成绩（总时间）相同的，第三名运动员成绩较好的队名次列前；如果第三名运动员成绩仍相同，则两队并列。

（3）队中有任何一名运动员未完成比赛，则该队总成绩无效。

PART 10 礼仪规范

运动员参赛礼仪

"友谊第一，比赛第二"的运动员精神，是运动场上最重要的概念。无论胜利还是失败，都要保持良好的风度，不要抱怨自己或者别人的表现，尤其是队友。要遵守各项比赛的规则以及比赛礼仪，并且热情地与同场竞技的其他人打招呼。

保持良好心态

比赛会分出胜负，但是不要把对手当做敌人。对手胜利，要真心道贺。自己胜利，对手道贺时应该答谢。

遵守裁判规则

遵守裁判的执法，对裁判的异议提出合理的质疑，不得做无礼的表示。正式比赛的裁判均经过严格筛选，所有参赛者均应尊重赛程与规则，不应在赛场内争执。比赛结束后主动与裁判握手表示感谢。

严守参赛规则

比赛时不得以小动作干扰对方，更不可以以陷害的方式暗算对手，更不得与人发生争吵甚至打架的行为。没有比赛的运动员不得进入比赛场地。

正确应对喝彩

比赛时如果观众喝倒彩，不宜有厌恶或不友善的表示，应该全心参赛。面对观众的支持应该表示感谢。运动员在比赛中应该保持冷静，不要受到外界因素的干扰。

队友相互支持

在团体赛和接力赛中，队友间应该相互支持，相互团结，切忌跋扈或者耍大牌。遇有争执切忌动粗互殴，应该礼让尊重有经验的长者。比赛的成功或失败都是集体的荣誉，团体的利益高于自己。

服从教练指挥

比赛时运动员应服从教练的指导，资深的明星运动员不可倚仗自己的能力而藐视教练。对于运动场上的管理制度，所有运动员都要以理性的态度与教练组沟通。对教练的质疑应通过正规渠道向上级反映。

正确接受外界援助

铁人三项赛中，在技术代表和裁判长的许可下赛事工作人员和技术官员可以向运动员提供援助，但是仅限于提供饮品、营养品、器械和医疗服务。参加同场比赛的运动员可以互相提供附带器材物品，如营养品、饮料（在饮水站之后）、气筒、管胎、内胎和补胎设备。

运动员不能向同场竞技的运动员提供可能导致自身无法完成比赛的器材物品，包括但不限于跑鞋、比赛自行车、车架、车轮和头盔。否则，两名运动员都将被取消比赛资格。

不使用兴奋剂

运动员应遵守国际铁联关于反兴奋剂的规则和规定，包括医学和兴奋剂检测、接受检测的义务、权利、责任和检测程序、处罚、申诉程序以及违禁物质清单。

赛事欣赏

体育欣赏的特征为无功利性、直觉性、创造性、愉悦性、趣味性。体育欣赏的过程是应目、会心、畅神、回味四个过程，人们无论是在观赏一场紧张激烈的体育比赛或欣赏一段优雅动人的体育表演，要使自己以喜悦的心情领会其中，达到陶冶情操，获得美的享受，除应了解体育比赛竞赛规程外，还应了解体育的特点和竞赛项目的一些基本知识，这对能否达到欣赏目的至关重要。

了解竞赛的特点

竞争性

包括铁人三项比赛在内的体育比赛之所以吸引人，与其他表演最大的区别在于它的竞争性，最终要以输赢定胜负。攻防转换，胜负交替，加之许多项目比赛的对抗性，使竞争达到白热化，气氛格外激烈。

技艺性

任何体育项目都由一定技术和艺术构成，并有统一的规范，铁人三项运动也不例外。运动员高超的技艺，是观赏的核心所在。并且，

铁人三项竞争十分激烈

相同的技术由不同的运动员完成，在观赏中可进行比较，欣赏的价值也往往体现于此。

规范性

铁人三项项目采用统一的规则、严格的制度，可以客观地反映参赛水平，并给运动员提供公平竞争的机会，体现了体育的精神。

多样性

铁人三项比赛项目丰富多彩，或动、或静，或激烈、或典雅，可谓雅俗共赏。

变化性

铁人三项运动虽有规范的技术和统一的规则，但在比赛中，运动员可在规定的范围内进行创造与编排，充分发挥自身水平，还需要根据场上变化灵活运用，使比赛千变万化，迭彩纷呈，扣人心弦。

了解竞赛规则

竞赛规则是规范比赛的规则，观赏任何比赛，了解规则是起码的要求，否则就真的成了"外行看热闹"，无法公正评价比赛而导致兴趣索然。

了解技术战术

所有的体育项目都是由一定的技术动作组成的，比赛的精彩与否，很大程度上取决于运动员对技术的掌握程度。而战术则是采取合理的行动，充分发挥己方优势，限制对方特长，以求取胜的竞争艺术。尤其是铁人三项运动项目，高超的技术，灵活的战术，给人以天衣无缝、出神入化的感觉。所以，了解基本技术战术，就可以不仅"看热闹"，还能"看门道"了。

欣赏内容

在欣赏时所得到的满足感，主要来自被欣赏对象给予我们的美感。在铁人三项运动欣赏中，主要有哪些美的地方呢？

身体美

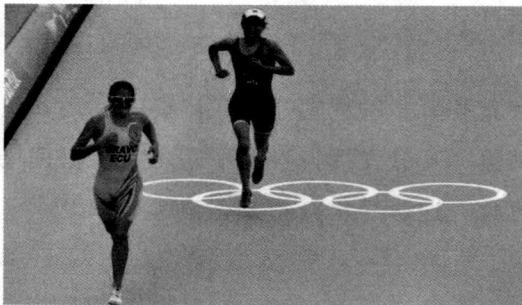

铁人三项运动是需要身体运动完成的，运动员健美的身躯、优美的姿态常常能吸引人们羡慕的眼光。正如法国著名雕塑艺术大师罗丹所说："自然界中没有任何东西比人体更美。"体育运动使人体美得到淋漓尽致的展现，这种自然的美具有无穷的魅力。

运动员们矫健的身姿蕴藏着无限的力量美

技术美

铁人三项运动技术是科学的结晶，也是取胜的关键，更是该项运动的精华所在。优秀的运动员在场上得心应手连连夺冠，让全世界的人为之倾倒，并使人回味无穷。

精神美

面对强手，敢于拼搏，敢于斗争，不断超越自己，向人类的极限挑战，运动员之间相互协助，公平竞争，这些运动场上所展现的精神已不仅仅属于体育，同样也是我们在学习、工作、生活中应具备的。

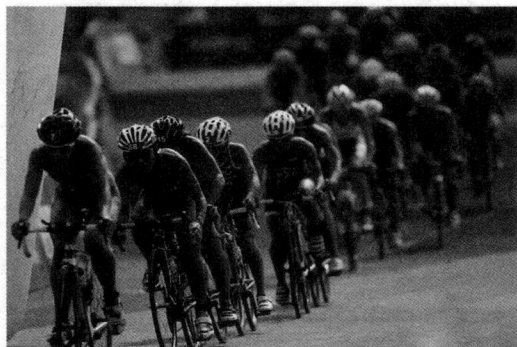
运动员娴熟的技术是欣赏的主要内容之一

当我们看到运动员奋力拼搏、夺取胜利的一刻，升国旗，奏国歌，其意义又何止一块金牌、一个奖杯。

观众观赛礼仪和注意事项

铁人三项运动是高强度的耐力性竞赛项目，是对运动员的体力和意志最具考验的运动项目。比赛中，当运动员通过时，观众应热情地为运动员鼓掌加油，鼓励运动员战胜自我的勇敢精神，激发运动员顽强拼搏、勇攀竞技高峰的昂扬斗志。

在主会场观看比赛时，观众应按时到场，接受安检，并避免影响他人观看比赛和现场转播。同时，观众应遵守有关的比赛现场的规定，禁止进入赛事工作管理区域；禁止穿行比赛通道和赛道隔离设施。经过比赛通道各出入口时，应听从管理人员指挥。

在赛道沿途观看比赛时，观众要服从管理人员的指挥，不要横穿赛道，以免影响运动员的比赛，或对运动员和自身造成伤害事故。要理智

观众向获胜选手表示祝贺

观赛，不得向赛道投掷水瓶和物品。此外，观众不得向通过的运动员身上泼水或递饮用水，以及帮助发生自行车故障的运动员修车。

为了更好地观看比赛，观众在赛前也应该做好观看比赛的相关准备工作。首先，要了解铁人三项比赛的一些基本知识和特点。

第二，要了解比赛的路线、沿途路段的禁行规定、观众区和通往观众区域的路线、时限。

第三，要根据所希望观看的赛点选好交通工具和路线。

第四，由于全部比赛都在室外进行，所以观众一定要考虑天气情况，如注意防晒、防雨等方面的问题。

PART 11 明星花絮

米歇丽·琼斯

米歇丽·琼斯是 20 世纪 90 年代
澳大利亚最伟大的女子铁人三项选手
之一。1998 年荣膺国际铁人三项联合
会世界杯冠军，1999 年获得世界杯系
列赛夏威夷站和悉尼站冠军、墨西哥
站亚军和日本站第三名，2000 年悉尼
奥运会女子组亚军，2003 年世界杯雅
典站女子组冠军。

米歇丽·琼斯在比赛中

科蒂尼·亚金森

科蒂尼·亚金森出生于 1979 年 8 月 15 日，澳大利亚铁人三项运动
员。早在 2003 年，他就获得了个人职业生涯的首个全国冠军，但是错

过了参加 2004 年雅典奥运会的资格，可是四年后代表澳大利亚参加了 2008 年北京奥运会的比赛，并获得了第十一名的好成绩。

布拉德·卡拉菲尔德

布拉德·卡拉菲尔德出生于 1979 年 7 月 27 日，澳大利亚铁人三项的运动员。早在 2002 年就在墨西哥夺得了 23 岁以下级的世界冠军，接着他还在 2006 年德里举行的联邦赛上夺得了金牌，他还是 2005 年、2007 年和 2010 年世界冠军赛的三届金牌得主。2008 年代表澳大利亚参加了北京奥运会的比赛，并获得了第十六名的好成绩。

布兰丹·希克顿

布兰丹·希克顿出生于 1985 年 8 月 6 日，澳大利亚铁人三项运动员。他在 2007 年德国汉堡举行的世界冠军赛中获得了 23 岁以下级的银牌，在 2011 年世界杯赛中再次摘银，悉尼世界冠军赛中排名第四。

艾琳·登山姆

艾琳·登山姆出生于 1985 年 5 月 3 日，澳大利亚铁人三项运动员。

2006 年在瑞士夺得了 23 岁以下级的世界冠军，一年之后，成为了澳大利亚和大洋洲的冠军，最后代表了澳大利亚参加了 2008 年北京奥运会的比赛，并最终获得了第二十二名。

艾玛·杰克森

艾玛·杰克森出生于 1991 年 8 月 20 日，澳大利亚铁人三项运动员。在 2009 年黄金海岸的青年世界铁人三项冠军赛中获得第二名，而一年之后在布达佩斯夺得了 23 岁以下级世界铁人三项的冠军。

艾玛·莫菲特

艾玛·莫菲特出生于 1984 年 9 月 7 日，澳大利亚铁人三项运动员。她曾经代表澳大利亚参加了 2008 年北京奥运会的比赛，并最终获得铜牌的好成绩，一年之后在黄金海岸夺得了世界冠军，又在 2010 年布达佩斯再次夺得世界冠军。

维特菲尔德

维特菲尔德是加拿大的铁人三项老将，也是目前世界上最优秀的铁

维特菲尔德在悉尼奥运会上摘得铁人
三项男子组桂冠

人三项选手之一，强项是长跑。

虽然他的世界杯排名在加拿大选手中并不是最高的一个，但其实力却不容忽视。排名靠后主要是因为他参加的世界杯赛较少。

如果说维特菲尔德有缺点的话，那就是他已经年近四十了，这对需要耗费巨大体力的铁人三项运动而言，显然不是一个黄金时期。

布兰特·麦克马哈恩

布兰特·麦克马哈恩出生于 1980 年 9 月 17 日，加拿大铁人三项运动员。曾经参加过多次奥运会的比赛，但是在 2004 年雅典奥运会，也是他第二次参加的奥运会比赛中，深受伤病的影响，导致发挥失常，获得第三十九名。2007 年泛美洲赛中，他摘得银牌，同年 8 月，夺得了个人首个铁人三项世界杯比赛的金牌。

凯尔·琼斯

凯尔·琼斯是加拿大著名的铁人三项运动员。跟随着父亲的脚步，他开始进行铁人三项的练习和比赛，并一步步地达到加拿大顶尖运动员行列。因为在青少年阶段的优异表现，他在 2005 年被选入了国家队，同年参加了个人首个世界杯的比赛。

凯西·特雷姆布雷

凯西·特雷姆布雷出生于 1982 年 6 月 16 日，加拿大职业铁人三项运动员。她曾经代表加拿大参加过 2008 年北京奥运会的比赛，并最终获得第二十九名。

宝拉·菲德莱

宝拉·菲德莱出生于 1989 年 5 月 26 日，加拿大铁人三项运动员。在 2009 年 23 岁以下世界冠军赛中获得第三名，2010 年赛季中，她成为那年唯一一位连续两次获得 ITU 世界杯赛事的女运动员。2011 年她获得了首个 ITU 世界赛事冠军，接着几站赛事获得第二名和第三名，并最后登上世界第一。但是因为伤病的困扰，在伦敦站的比赛中仅获得第二十九名。

维姬·霍兰德

维姬·霍兰德参加游泳和长跑项目的比赛很多年后，在 2005 年大学期间开始了铁人三项运动。同年，获得了伦敦青少年精英赛长跑的冠军，和参加了青少年铁人三项世界冠军赛。在 2010 年，她收获了成绩优异的赛季，但是在 2011 年却深受伤病的困扰。

布里杰特·麦克马洪

瑞士铁人三项选手布里杰特·麦克马洪是世界上第一个女子铁人三项奥运冠军。为此，布里杰特·哈勃（婚后改姓麦克马洪）将永载史册。在 2000 年悉尼奥运会上她第一次赢得国际大赛的金牌。

田山宽豪

田山宽豪出生于 1981 年 11 月 12 日，日本的铁人三项运动员。他曾经代表日本参加过 2004 年雅典奥运会的比赛，并最终获得第十三名，在 2008 年北京奥运会的比赛上获得第四十八名的成绩。同时，他也是极具竞争力的游泳运动员。

井出树里

井出树里是日本在铁人三项项目中最有统治力的运动员之一。她也是 2008 年和 2009 年两届日本全国冠军的得主，曾经代表日本参加了 2008 年北京奥运会的比赛，并最终获得了第五名的好成绩。

上田蓝

上田蓝出生于 1983 年 10 月 26 日，日本铁人三项运动员，2005 年和 2008 年的亚洲冠军，2007 年的日本冠军和奥运会运动员。

安达园子

日本铁人三项运动员上田蓝

安达园子是日本著名的铁人三项女运动员。从 2010 年国际铁联世界锦标赛系列赛开始，凭借着不懈的努力，她从一个默默无闻的邻家女孩成长为日本铁人三项领域的佼佼者。

她赢得了 2008 年天草国际铁联铁人三项亚洲杯赛和 2009 年柬埔寨上丁世界铁联铁人三项亚洲杯赛的冠军。她是极具竞争力的游泳运动员，并在 2006 年成为了优秀组的铁人三项运动员。她先后在 2007 年、2008 年和 2009 年的日本全国锦标赛获得了第九名、第三名和第二名的成绩。

王虹霓

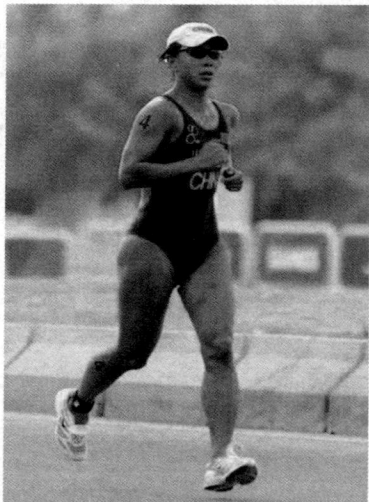

王虹霓

王虹霓出生于山东济南，1997 年开始从事铁人三项训练，1998 年初进入广东自行车队，2000 年进入山东自行车队，同年 10 月开始从事铁人三项专业训练。王虹霓转练铁人三项之后进步神速，在短短的几年时间里就跻身于亚洲一流高手的行列。

在 2001 年徐州亚洲杯系列青年组的比赛中，王虹霓获得亚军。在 2002 年中国大理国际铁人三项积分赛优秀组的比赛中，她又获得第四名。2003 年日本蒲郡世界杯赛，王虹霓取得了第二十一名的成绩。2006 年多哈亚运会上，她更是勇夺冠军。2007 年，世界杯加拿大站比赛，王虹霓获得了第六名的成绩。

艾玛·斯诺希尔

艾玛·斯诺希尔拥有澳大利亚和新西兰双重国籍，但是她选择代表澳大利亚出战。她是当今女子铁人三项界中最具实力的一名选手。

2002 年，她当时的男朋友，也是铁人三项运动员的哈罗普在黄金海岸一段公路上进行自行车训练时，被一辆汽车撞倒，不幸身亡。这件事对年轻的斯诺希尔影响很大。几年后，当她拿到澳大利亚铁

艾玛·斯诺希尔

人三项金牌时说，那次生离死别，让她懂得能活下来，还能参加比赛是多么幸运。她说，从那以后，她将全部身心投入到这项运动中。每年 4 月到 9 月，澳大利亚冬季时，她在美国洛基山中一个小镇进行高地训练。10 月到第二年 4 月澳大利亚夏季时，她回到昆士兰州黄金海岸训练。

2007 年铁人三项赛斯诺希尔中途退出了，这是她唯一一次中途退出比赛。那一年接下来的时间里，斯诺希尔总是觉得很疲倦。秋天，医生诊断她患了哮喘病。哮喘病是一种慢性呼吸道疾病，有先天和后天之分，发作时主要症状是胸闷、呼吸困难、咳嗽等等，严重时会导致死亡。空气中的污染物以及大量运动都是哮喘发作的诱因，并且会使病情加重。对于患哮喘病的铁人三项运动员来说，比赛过程中绝对没办法避免这些诱因，哮喘必然会发作。因而，比赛中，斯诺希尔不得不时不时用人工呼吸机吸入一些药物控制病情。

2008 年 6 月，世界杯铁人三项美国得梅因站比赛中，在自行车段赛程里，斯诺希尔两次使用呼吸机，在长跑阶段，她又好几次吸入药物。斯诺希尔最终赢得了比赛，赛后她说："不使用呼吸机我也能坚持下来，但是我很紧张，我感到快要发作了。"

自此之后，她的比赛也有了不小变化。除了一般运动员需要的装备

外，她还要使用呼吸机，还得两手攥着香烟盒大小的木榫子。这种木榫子可以防止她过于紧张导致哮喘发作，她戏称为"助跑拐杖"。

布朗利兄弟

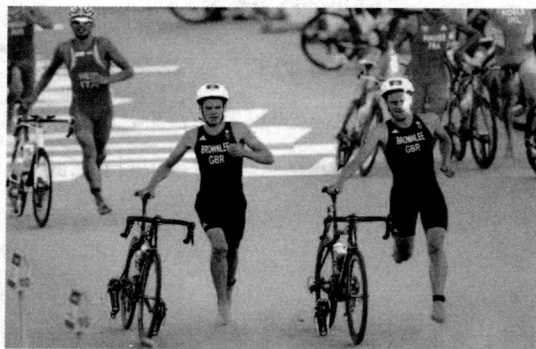

阿利斯泰尔·布朗利（右）和
乔纳森·布朗利兄弟在比赛中

布朗利兄弟分别是生于1988年的阿利斯泰尔·布朗利和生于1990年的乔纳森·布朗利，两人目前都是英国利兹大学的学生，专业分别为金融和历史。在2012年伦敦奥运会的比赛中，兄弟两人在游泳项目中分列第六和第四，自行车项目也一直处于第一集团，在最后一项跑步项目中，布朗利兄弟开始发力，和西班牙戈麦斯将其他参赛选手远远甩在后面，三人10公里跑用时都没有超过30分钟，最终阿利斯泰尔·布朗利以1小时46分25秒夺得冠军。

西班牙名将哈维尔·戈麦斯在跑步项目前两圈一直紧跟布朗利兄弟，在最后两圈三人拉开距离，戈麦斯最终以1小时46分36秒获得银牌，乔纳森·布朗利以1小时46分56秒获得铜牌。

西蒙·莱森

西蒙·莱森是英国著名的铁人三项选手，曾获过 5 次世界冠军。不过，他也曾在奥运会上失利过。这位南非裔的英国选手就曾经眼睁睁地看着冠军称号被人夺走。在 2000 年悉尼奥运会上，他只排在第九位。

埃里斯特瑞·布朗尼

埃里斯特瑞·布朗尼出生于 1988 年 4 月 23 日，英国铁人三项运动员，曾经获得 ETU 欧洲铁人三项冠军和两次铁人三项世界冠军（2009年和 2011 年）。他曾经代表英国参加过 2008 年的北京奥运会的比赛，并最终获得第十二名的成绩。2012 年，他在伦敦奥运会上终于如愿以偿地取得了冠军。

海伦·简金斯

海伦·简金斯出生于 1984 年 3 月 8 日，英国职业铁人三项运动员，2008 年和 2011 年 ITU 世界冠军。作为一名职业的运动员，她曾经代表英国参加了奥运会的比赛，以及代表威尔士参加联邦赛的比赛。2009

海伦·简金斯庆祝胜利

年，她在黄金海岸举行的世界冠军系列赛的总决赛中摘得银牌，2011年的该项赛事中夺得金牌。

露西·霍尔

露西·霍尔是英国著名的铁人三项运动员，她在游泳项目很有竞争力。即便仍旧是一名青少年运动员，但是在2011年ITU世界冠军系列赛上，她已经实现了自己成人组的职业首秀。8岁的时候就参加了自己的首个铁人三项的赛事，她参加了游泳和长跑的俱乐部，从而便于她提高自己铁人三项的成绩，获得了很多的头衔。

哈米什·卡特

卡特一脸笑容地冲过终点

哈米什·卡特是新西兰的铁人三项选手。在2004年的雅典奥运会之前，卡特的成绩平平，没有引起世人的注意。但在雅典奥运会上，他却一鸣惊人，以1小时51分7秒73的成绩勇夺冠军。

遗憾的是，他在此后的比赛中再次成为了成绩平平者。

PART 12 历史档案

历届奥运铁人三项项目冠军

2000 年悉尼奥运会

男子组冠军：加拿大选手维特菲尔德。

女子组冠军：瑞士选手布里杰特·麦克马洪。

2004 年雅典奥运会

男子组冠军：新西兰选手卡特。

女子组冠军：奥地利选手阿伦。

2008 年北京奥运会

男子组冠军：德国选手弗勒德诺。

女子组冠军：澳大利亚选手斯

欣喜若狂的阿伦

诺希尔。

2012 年伦敦奥运会

男子组冠军：英国选手阿利斯泰尔·布朗利。

女子组冠军：瑞典选手斯皮里格。

弗勒德诺在 2008 年北京奥运会上冲过终点的瞬间

斯皮里格率先冲过终点